自分のルーツはこうしてたどれ！

わかりやすい戸籍の見方・読み方・取り方

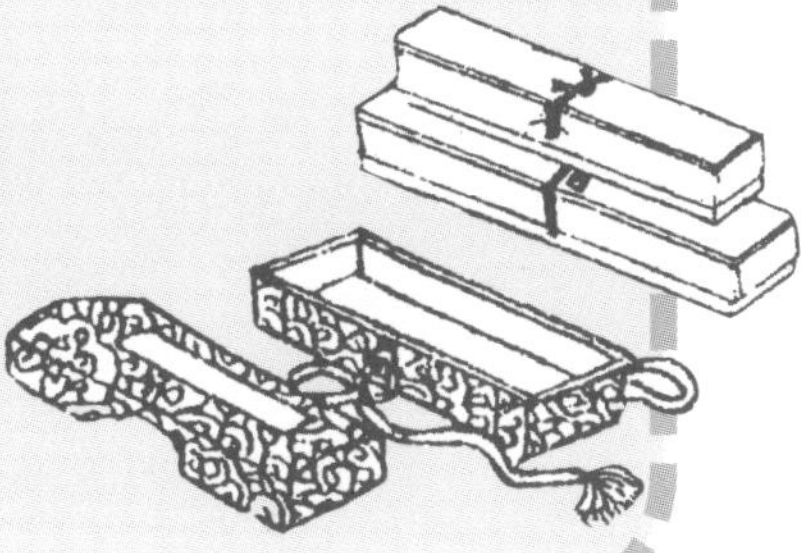

司法書士 伊波喜一郎
司法書士 山崎　学
行政書士 佐野忠之
共著

日本法令®

自分の先祖を知ることは楽しい！

皆さんは自分の先祖を知りたいと思ったことはありませんか！

お父さん、お母さん、お爺さん、お婆さん、おじさん、おばさんぐらいまでは、自分も会ったことがあるので身近に感じられるでしょう。

その上のヒイお爺さんやヒイお婆さんとなると、さすがに知らないことが多く、ちょっと聞いたことがあるぐらいかもしれません。

さらにその上の先祖となるとまったくわからない人が多いでしょう。

人はある「きっかけ」から突然に自分の過去を知りたくなることがあります。

特に親御さんが亡くなって戸籍を取り寄せてみた場合、そのような思いが強く出てくるようです。

また、古い戸籍になると自分を取り巻く親戚一同の戸籍が記載されているものがあります。

これを見た時、普段見る戸籍謄本とはまったく様相が異なり、みればみるほど興味津々たるもので、かつミステリアスなものであることに気づきます。

たとえば、団塊の世代あたりのヒイお爺さん・ヒイお婆さんは江戸時代生まれになります。このため、江戸時代は意外に近い時代であると実感します。

知らないおじさん・おばさんを多数発見！というケースも少なくありません。

空襲で亡くなったと聞いた叔母さんが、たしかに東京大空襲の頃に死亡しているとの記載を発見し、妙に感傷に浸ったりもします。

さらには、あの実直そうな叔父さんが、なんと若いころに離婚していたとか、あのおばさんは養女であったとか、お婆さんの父親が不詳であるとか、とんでもない事実がストレートに浮かび上がってきたりするのです。


自分に関することですから、週刊誌や小説を読むより断然おもしろく、ミステリアスです。

親や親戚の長老に不明なことを聞きつつ家系図を作ってみましょう。

さらに、人物別に、生年月日や自分との続柄、その人物のエピソードを添えた一覧表などを作ってみると、いっそう興味深いものとなるでしょう。

そして、もっと過去まで調べたいと思ったら、お寺の過去帳を調べたり、本家の墓石の記載を調べたりしてみたくなるかもしれません。

いずれにしても、人は自分の過去を知りたいという、自然感情を持っているのです。

それには、戸籍謄本をみて、あれこれ想像を巡らすことが楽しいことなのです。

しかし、戸籍謄本はむやみやたらに取れるものではありませんし、戸籍の記載も素人にはよくわからないケースがたくさんあります。

そこで本書では、「戸籍とは何か」「戸籍の取り方」から始め、「戸籍のくわしい見方」「外国人関係の戸籍」について例を用いて紹介します。

ご自身のルーツ探り、「家系図」作りに、本書を役立てていただければ幸いです。

目次

第二章 古い戸籍から今の戸籍までの見方――35

第三章 昔の大所帯戸籍を分析してみよう――87

第一章 戸籍のキホン

戸籍ってなに？

日本国民の身分を公に証明するもので、日本国民についての出生・親子関係・養子関係・婚姻・離婚・死亡などを証明するものです。

戸籍は、身分関係の証明なので、相続や氏名変更などの際に証明書類として利用されています。また、日本国民についての身分証明であることから、日本に居住していても、日本国籍のない人には戸籍はありません。

日本における身分登録制度の歴史は古く、そのもとは天皇が人民を調査し、賦役を課すために作られるようになったのが始まりといわれています。

その当時の記載内容は、その戸がどれくらい税を負担できるか、居住者の名前・年齢・男女の別などであり、その目的は税負担と領民把握の施策だったそうです。そしてこのような戸籍のもととなる身分関係登録制度は、様式や目的が地域・時代背景によってそれぞれ異なるものの、江戸時代まで続きました。

そして明治となり、明治政府は、全国統一の中央集権政治の早急な実現をはかり、国内の総人口を把握する必要から、戸籍法を施行しました。

こうして日本で最初に全国統一様式の戸籍（明治5年式戸籍）が作成されるようになり、これが現行戸籍のもとになって現在に至っています。

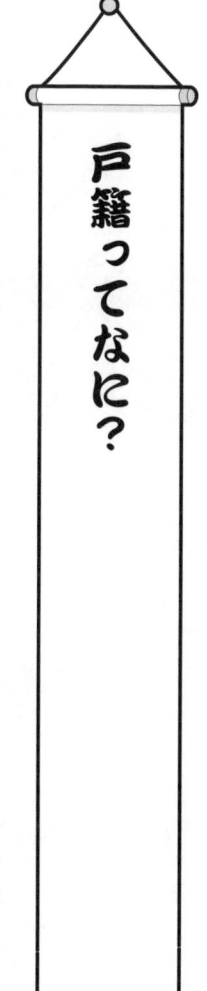

戸籍が取れない場合もある！

戸籍制度が始まって今日に至るまで、戸籍簿そのものが災害や戦争などの原因によりなくなってしまったことが幾度かあります。

たとえば東京の場合では関東大震災、昭和20年の空襲により戸籍簿が焼失してしまった地域があります。ほかの地方でも大火などにより滅失してしまった戸籍簿冊があります。

戸籍制度では、自然災害などに備えて、戸籍の写しと資料を別の場所に保管しておく制度があります。災害などで戸籍がなくなってしまった場合は、これらの資料をもとに戸籍を再現して作り直すこととなりますが、別の場所に保管している資料も災害等でなくなってしまった場合は、戸籍を再現することはできなくなってしまいます。このように、戸籍の再現ができないときは「消滅してなくなりました」という証明は取れるものの、再現できなかった戸籍は残念ながら取得することができないのです。

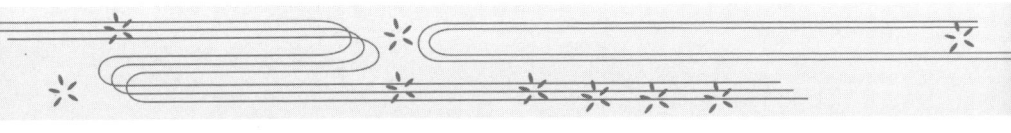

ワンポイント

樺太・北方領土・沖縄の戸籍

戦前、日本の領土だった樺太や今の北方領土といわれる地域に関する戸籍等の謄本については、外務省が保管しています。

しかし、これらの地域の戸籍等について日本に持ち帰ることができたのは一部の村の数冊のみで、それ以外のものについてはなくなってしまいました。

また、沖縄の戸籍も戦争により、一部の離島を除いて、そのほとんどがなくなってしまいました。沖縄は、昭和47年までアメリカが統治していましたので、本土復帰までは福岡市に沖縄関係戸籍事務所が設けられ、本土復帰後、沖縄関係戸籍事務所に保管されていた届出全部を沖縄法務局に貸与し、これらをもとに関係者に聞取調査等を行って、約9年かけて戸籍を再製したそうです。

どこでどうやって取るのか

戸籍の取扱事務は市町村役場が行っていますので、戸籍の謄本は市町村役場で取得することができます。ただし、どこの役場でも「目的の戸籍謄本」が取得できるわけではありません。

戸籍は「本籍地」の役場が取り扱いますので、取得したい戸籍の本籍地を管轄する市町村役場に戸籍謄本の交付を申請します。

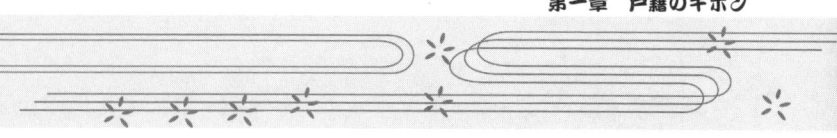

戸籍謄本の交付申請は、役場の窓口で所定の申請用紙に必要事項を記入して、手数料を納めることでできます。なお、運転免許証などの写真付きの本人確認書類の提示が求められますので、忘れずに持っていきましょう。

ワンポイント

「謄本」と「抄本」の違い

一般的に「謄本」とは、記載されている内容全部の写し、つまり記載事項のすべてがコピーされているものをいいます。

これに対して、「抄本」とは記載事項の一部分を抜き出してコピーしたものをいいます。

つまり、戸籍「謄本」は一つの戸籍に記載されている全員の身分関係を写したものですが、戸籍「抄本」になると一つの戸籍に記載されている一部の人に関する記述を抜き出して写したものになります。

なお、コンピュータ化されているところでは、謄本を「全部事項証明」、抄本を「一部事項証明」といいます。

戸籍謄抄本交付申請用紙の書き方

戸籍の謄抄本の交付申請用紙は、それぞれの市町村によって多少形式が異なりますが、記入しなければならない事柄はいずれの市町村もほぼ同じです。

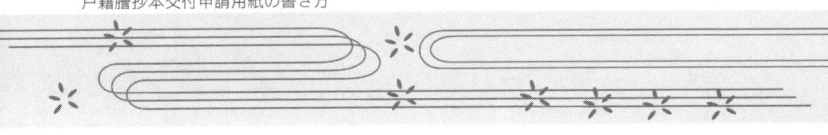

ここでは、オーソドックスな戸籍の謄抄本の交付申請用紙を例に、書き方をご紹介します。

戸籍証明書等請求書記入例

戸籍証明書等請求書

港区長　　　　　　　　　　　　　　　　　　　　平成○年○月○日

必要な戸籍

本籍	港区虎ノ門三丁目○番地	
フリガナ 筆頭者	ニ ホ ン　イチロウ 日 本　一 郎	筆頭者の生年月日 明・(大)・昭・平9年10月30日
(戸籍の最初にかかれている人であり、亡くなっても変わりません)		
最近戸籍の届出をされた方は記入してください。 (　　年　　月　　日　　市区町村提出　　出生・死亡・婚姻・離婚・その他)		

必要な証明書

全部事項証明書（謄本）	1 通	附票	現　全部	通
			改　(必要な人　　)	通
個人事項証明書（抄本） (必要な人　　)	通	一部事項証明書 (　　)		通
除籍　全部事項証明書（謄本）	通	不在籍証明書		通
除籍　個人事項証明書（抄本） (必要な人　　)	通	受理証明書 (　　届)		通
改製原戸籍　謄本	通	届記載事項証明書 (　　届)		通
改製原戸籍　抄本（　　）	通			
身分証明書 (必要な人　　)	通	その他の証明書 (　　)		通

使用者

住所	台東区浅草一丁目１番○号	電話（03） 3456−○○○○
フリガナ 氏名	ニ ホ ン　ハ ジ メ 日 本　始	生年月日 明・大・(昭)・平42年11月2日
筆頭者から見た関係	本人・夫・妻・(子)・孫・父母・祖父母・その他（　　）	

請求者

住所	台東区浅草一丁目１番○号	電話（03） 3456−○○○○
フリガナ 氏名	ニ ホ ン　キョウコ 日 本　今日子	生年月日 明・大・(昭)・平20年3月11日
使用者から見た関係	本人・夫・妻・子・孫・(父母)・祖父母・その他（　　）	

使用目的

☑パスポート取得　□婚姻届等　□免許等許可申請　□裁判所等官公署提出

□携帯電話親子割引　□年金裁定（国民、厚生、国・地共済、私学共済、その他）

□相続関係　・被相続人の出生から死亡まで　各　通
　　　　　　・被相続人の婚姻から死亡まで　各　通
　　　　　　・その他

□その他（　　）

※　プライバシーの侵害などにつながる不当な請求には応じられません。

「本籍」欄…筆頭者の本籍地を記載します。

「筆頭者」欄…戸籍の一番目に記載される方のことを戸籍の筆頭者といいます。その戸籍の代表者というとわかりやすいかもしれません。

「必要な証明書」欄…前のワンポイントでもご紹介したとおり、戸籍の謄本とは、戸籍簿に記載されている全部の写し、抄本は一部の写しをいいます。謄本、抄本のどちらが何通必要かを記載します。

「請求者」欄…戸籍の謄抄本の交付申請をする方の氏名を記載します。

「使用者」欄…取得した戸籍を使う方の氏名を記載します。


筆頭者、請求者、使用者については少しわかりづらいかもしれません。そこで、戸籍謄本が必要になった日本始さんの例でご紹介しましょう。

ここに、日本一郎、今日子という夫婦がいて、その間に始という子がいたとします。戸籍の筆頭者は日本一郎でした。この度、息子の始が海外旅行をすることになり、初めてパスポートを取得することになりました。パスポートを取得するには戸籍が必要です。ところが、息子の始は忙しく、とても戸籍を自分で取りに行くことができません。そこで、今回は母親に代わりに取りに行ってもらうことにしました。

戸籍証明書等請求書の「筆頭者」欄には「日本一郎」を記入します。そして、実際にその戸籍を使うのは始ですから、「使用者」欄には「日本始」と記入します。また「使用者」欄の下、「筆頭者から見た関係」の欄では「子」（父子という意味）に丸をつけます。最後に、市役所に行って実際に交付請求をしたのは母、今日子ですから、「請求者」の欄には「日本今日子」を書き、「使用者から見た関係」の欄では「父母」（母子という意味）に丸をつけます。

なお、日本始が自分で戸籍を取りに行った場合でも、請求したい戸籍の筆頭者が「日本一郎」となることは変わりません。ところが、使用者、請求者ともに「日本始」となりますので、「使用者」欄の下にある「筆頭者から見た関係」の欄は「子」になります。また、「請求者」欄の下にある「使用者から見た関係」の欄は「本人」となります。

また、今回パスポート取得のために日本始の戸籍が必要になったわけですから、日本一郎、今日子、始の全員が記載されている戸籍「謄本」請求を請求してもよいですし、日本始のみの記載の戸籍「抄本」を請求してもよいでしょう。なお、戸籍「抄本」を請求する場合は、誰の戸籍記載が必要なのかを役所に伝える必要がありますので、「必要な証明書」の「個人事項証明書（抄本）」の下の「必要な人」の欄に「日本始」と記入します。

本籍地がわからないときは？

戸籍謄本が本籍地の役場で取得できることはご紹介しましたが、もし本籍地がどこかわからない場合はどうしたらよいでしょうか。

この場合はまず、ご自身の戸籍が必要であるなら本籍地記載の住民票を取得することで本籍地を知ることができます。また、ICチップの入っていない運転免許証をお持ちの方なら免許証に本籍地が記載されています。

市町村合併でどこの市町村かわからないときは？

古い戸籍を取っていると、今は存在しない市町村の名前が出てくることがあります。つい最近も平成の大合併といわれるほど市町村の合併が全国各地で相次ぎました。

合併に伴い、昔の地名等がわからない、あるいは、その市町村がどこに吸収合併されてしまったのかわからなくなる場合があります。

こういったケースでは、近隣の市町村役場に問合せをすればどこの市町村の管轄となったのかが判明するでしょう。それでもわからない場合は、都道府県庁に問合せをすることで、どこが管轄する市町村なのかを知ることができます。

ワンポイント

「戸籍」と「住民票」の違い

戸籍の謄抄本より身近に利用されているものに「住民票の写し」があります。住民票は、住民基本台帳法という法律に基づいて各市町村長が作成しているもので、住民の居住関係を記録するものです。

これに対して、戸籍は身分変動を記録するものであるため、戸籍の所在する場所（＝本籍地）は記載されていますが、戸籍に記載されている人がどこに住んでいるか（＝住所地）は関係がないため記載されていません。

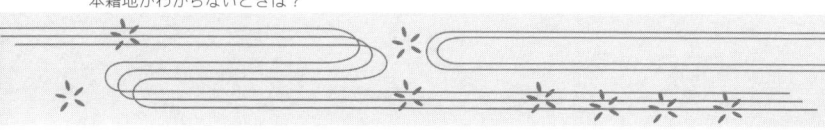

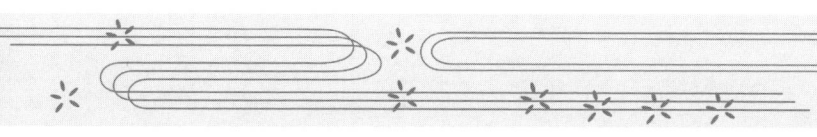

誰の戸籍でも請求できるの？

戸籍は、生年月日、親子関係、婚姻、離婚などの身分関係の変遷が記載された、いわゆる「個人情報」です。このため、他人の戸籍はもちろん、親族の戸籍であっても、請求すれば必ず交付されるというわけではありません。

個人情報を人に知られたくない方もたくさんいますので、交付してもらえる戸籍は限定されています。戸籍謄本の交付が受けられるのは、戸籍に記載されている者、その配偶者、直系尊属、直系卑属です。

たとえば、ご兄弟であっても戸籍が別になっていれば、互いの戸籍謄本を取得することは原則的にできません。ご自身のご先祖は直系尊属ですから、戸籍謄本を交付してもらうことができます。

ワンポイント

「直系尊属」「直系卑属」って何？

「配偶者」はご存知のとおり結婚相手のことですが、「直系尊属」「直系卑属」とは何でしょうか。

「尊属」とは、親等上、父母と同列以上の血族のことをいいます。「卑属」とは、親等上、子と同列以下にある血族をいいます。

また、「直系」とは親子関係で続いている系統をいいます。

つまり、「私」を基準として、「私」の「直系尊属」「直系卑属」を図で表すと次のようになるわけです。

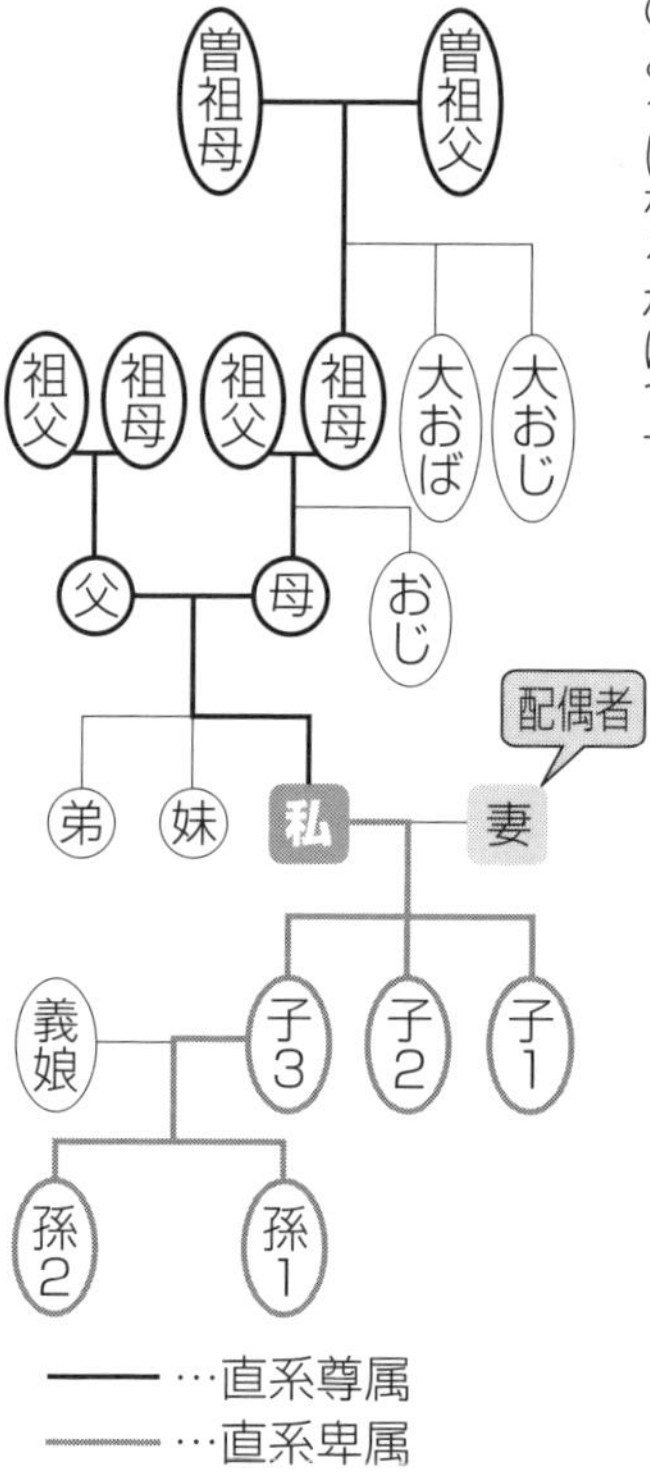

「直系尊属」「直系卑属」に限りはなく、どこまでもさかのぼって、また下っていけます。

ちなみに、「傍系」とは「直系」に対して、血はつながっているが親子関係で結ばれていない、つまり直上・直下の関係ではない関係をいいます。たとえば兄弟、姉妹、いとこのようにです。

本籍地が遠方で取りに行けない！

現在お住まいになっている最寄りの市町村役場が本籍地の役場であれば、戸籍謄本の取得はさほどむずかしくないと思います。

ところが、遠く離れた生まれ故郷に本籍地がある場合や、今お住まいになっている場所から遠い場所に本籍地を定めている場合、あるいは近くても窓口の開いている時間に役場に行くことができない場合には困ってしまいます。

こういった場合、郵送で戸籍謄本の交付を受けることができます。

郵送で取得する際には、①謄本の交付申請用紙、②手数料、③返信用封筒、④運転免許証などの写真付きの本人確認書類の写しの４つが必要になります。

戸籍謄本の交付申請用紙

交付申請用紙は各自治体によって異なりますが、必ずしも請求先の専用用紙でなくとも交付してくれます。最寄りの役場で戸籍謄本の交付用紙をもらって、見出し部分を請求先の市町村名に変更して利用することもできます。

請求先の交付用紙が欲しい場合、戸籍謄本の請求に先立って、請求先の役場に「戸籍謄本の交付を申請したいので交付用紙を郵送してください」と書いたメモと切手を貼った返信用封筒を同封して郵送すれば、交付用紙を返送してくれます。最近は、市町村役場のホームページで申請用紙のプリントアウトができる自治体もありますので、インターネットが利用できる場合、請求先の市町村役場ホームページを一度ご覧になってみるのもよいかもしれません。

また、ホームページをみることもできないし、近隣の市役所からも用紙を取得することができない方は、コピー用紙などに以下の事項を記入し、請求書を自分で作成して、手数料と一緒に送付して申請してください。

①タイトル　戸籍謄抄本等交付請求書
②宛名と日付　○○市区町村長殿　平成○年○月○日
③必要な戸籍謄抄本等　戸籍謄本・除籍・改正原戸籍　○通
　本籍地　○○
　筆頭者　○○　○○
④使用目的　○○○○○…
⑤請求者　住所○○県○○市○○区○-○-○
氏名　○○　○○　㊞
電話番号　○○-○○○○-○○○○
（※使用者と請求者が同じ場合、「同上」や「同右」でも問題ないでしょう）
⑥使用者　住所　○○県○○市○○区○-○-○
氏名　○○　○○　㊞
電話番号　○○-○○○○-○○○○
請求者との関係　○○（本人・配偶者・父母・祖父母）
（※本人の場合「本人」と記載してください）

定額小為替例

定額小為替証書

12345－456789

指定	受取人住所氏名	様	１，０００円

上記の金額をこの証書の発行の日から6ヶ月以内にゆうちょ銀行の本支店等でお受け取りください。
上記の金額を受け取りました。

払渡日附印

受付日附印

おところ

おなまえ　㊞

切り取らないでください

定額小為替払渡票

12345－456789

１，０００円

この証書は機械で処理しますので、折り曲げたり、汚したりしないでください。

手数料

戸籍謄本の交付にあたり手数料を納めます。郵送で交付申請をする場合、定額小為替を利用すると便利です。

定額小為替とは何でしょうか。

普通郵便に現金を入れて送ることは法律で禁止されていますので、そのまま現金を入れることはできません。郵便で現金を送る場合、現金書留で送る必要があります。しかし、現金書留は通常の郵便代に加えて書留手数料がかかります。そこで、普通郵便でも送ることができる定額小為替で手数料の支払いをします。

定額小為替とは郵便局の発行する証書です。50円、１００円、１５０円、２００円、２５０円、３００円、３５０円、４００円、４５０円、５００円、７５０円、１０００円の12種類の額面があります。額面にかかわらず、発行には1枚あたり１００円の手数料がかかります。小為替を受け取った側は、最寄りの郵便局で現金化することができます。

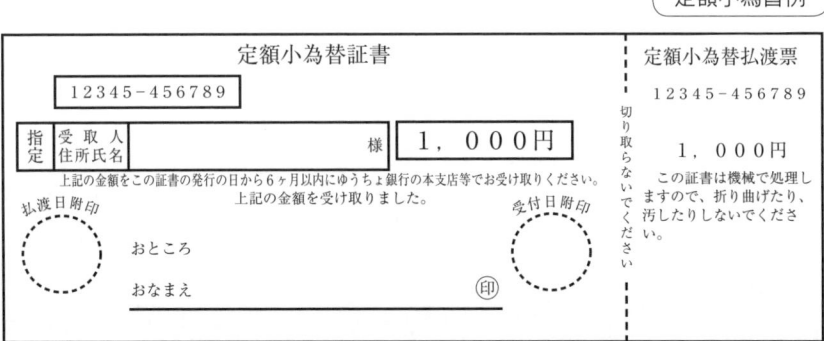

返信用封筒

返信用封筒には、返信分の郵便切手を貼って、ご自身の住所・氏名をあらかじめ書き入れておきます。

差出用封筒と返信用封筒例

（差出用）

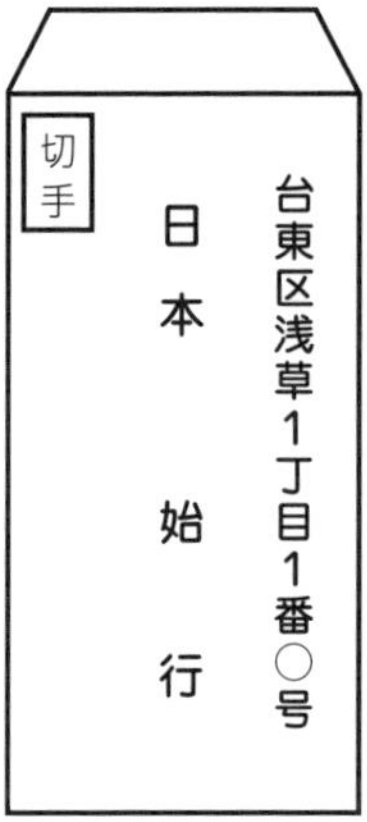

（返信用）

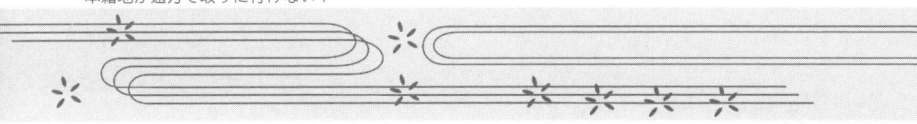

謄本の手数料について

戸籍の謄抄本は、市町村役場で取得することができますが、その際、手数料を納めなくてはなりません。

手数料は、「地方公共団体の手数料の標準に関する政令」で定められています。

- 戸籍謄・抄本　1通　450円
- 除籍謄・抄本　1通　750円
- 改製原戸籍の謄・抄本　1通　750円

ワンポイント

「除籍謄本」「改製原戸籍」とは？

除籍謄本とは、戸籍に記載された構成員全員が、婚姻や死亡により誰もいなくなったため、「除籍簿」に移された戸籍をいいます。また、除籍簿とは除籍謄本の帳簿です（31ページ参照）。

改製原戸籍とは、法令等の改正により、戸籍の用紙を改めて書き替えることとなったとき、そのもととなった戸籍をいいます（31ページ参照）。

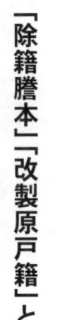

郵送で請求する場合で複数の戸籍、除籍、改製原戸籍等を請求するときは、多めに手数料を入れておくこともできます。たとえば、郵送で戸籍を2通請求する場合、500円と400円の定額小為替各1枚で900円を同封してもよいのですが、1000円の定額小為替1枚を入れておけば100円分のおつりを定額小為替または切手で返送してくれます。

家系図を作ってみよう！

それではここで、戸籍謄本が取得できたものとして、次ページの謄本を用いて簡単な家系図を作ってみましょう。

家系図には、28ページの記載例のように名前のほか、出生年月日、婚姻日、続柄、死亡日などを記入するとわかりやすくなります。記号に決まりはありませんが、たとえば次のような例があります。ご自身で見返した時にわかるようにアレンジしてみてください。

- 婚姻関係は二重線
- 関係解消はそれに×をつける
- 婚姻以外の男女関係は波線
- 子どもは年長順に右から
- 死亡した人には×をつける

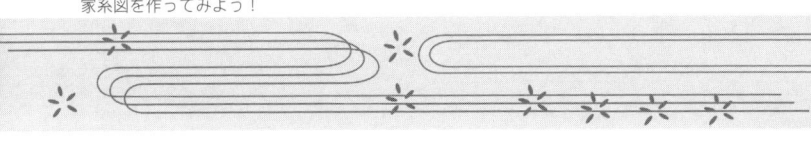

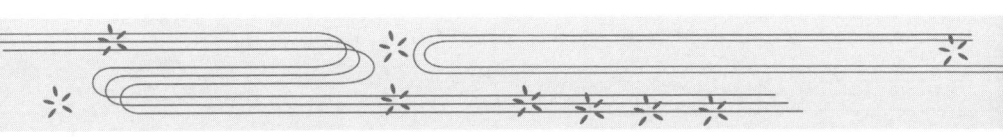

戸籍例

(2の1)　全部事項証明

本　　籍 氏　　名	東京都港区虎ノ門三丁目１番地 日本　一郎
戸籍事項 　戸籍改製	【改製日】平成９年10月11日 【改製事由】平成６年法務省令第51号附則第２条第１項による改製
戸籍に記載されている者	【名】一郎 【生年月日】大正９年10月30日　【配偶者区分】夫 【父】日本太郎 【母】日本花子 【続柄】長男
身分事項 　出　　生	【出生日】大正９年10月30日 【出生地】東京都港区 【届出日】大正９年11月３日 【届出人】父
婚　　姻	【婚姻日】昭和40年３月６日 【配偶者氏名】乙野今日子 【従前戸籍】東京都港区虎ノ門三丁目１番地　日本太郎
戸籍に記載されている者	【名】今日子 【生年月日】昭和10年１月８日　【配偶者区分】妻 【父】乙野孝太郎 【母】乙野春子 【続柄】長女

発行番号 000001　　　　以下次項

（2の2）　全部事項証明

身分事項 出　生	【出生日】昭和10年1月8日 【出生地】東京都中央区 【届出日】昭和10年1月8日 【届出人】父
婚　姻	【婚姻日】昭和40年3月6日 【配偶者氏名】日本一郎 【従前戸籍】東京都中央区銀座七丁目1番地　乙野孝太郎
戸籍に記載されている者	【名】始 【生年月日】昭和42年11月2日 【父】日本一郎 【母】日本今日子 【続柄】長男
身分事項 出　生	【出生日】昭和42年11月2日 【出生地】東京都千代田区 【届出日】昭和42年11月10日 【届出人】父
	以下余白

発行番号 000001
これは、戸籍に記載されている事項の全部を証明した書面である。　平成○年○月○日

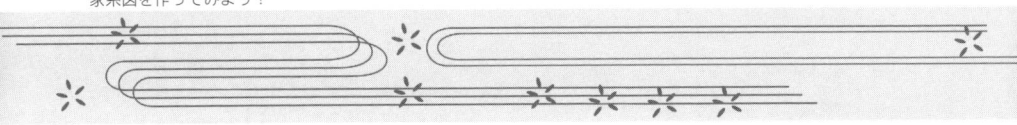

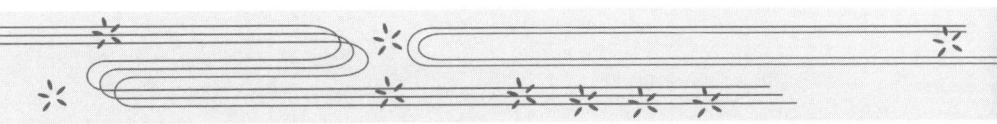

戸籍例をもとにして作成した家系図

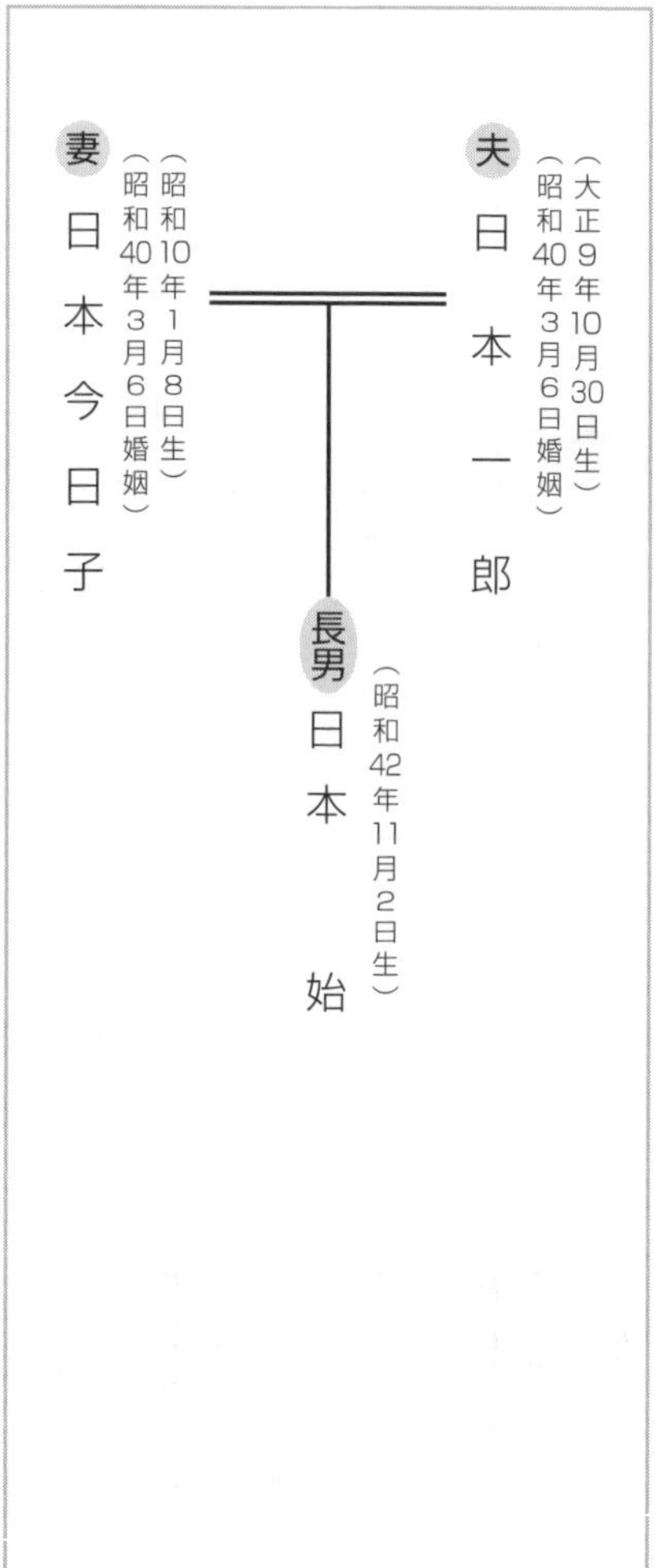

戸籍等には保存期間がある

また、戸籍をさかのぼっていくにはどうしたらいいのでしょうか。それは、入手した戸籍から「一つ前の戸籍の本籍地と筆頭者（または戸主）」の情報を得、その戸籍を取っていけばいいわけです。たとえば26ページの戸籍では、「戸籍事項戸籍改製欄」より、この戸籍が改製によって作られたことがわかり、一つ前の戸籍は、同じ本籍地、同じ筆頭者の「改製原戸籍」であることがわかります。

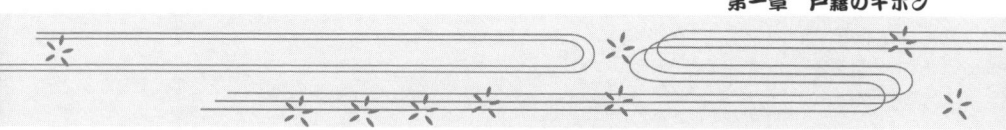

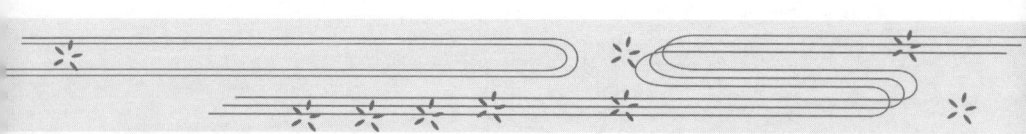

戸籍等には保存期間がありますので、さかのぼれる戸籍には限界があります！

●戸籍簿↓除かれるまで

●除籍簿↓80年

●改製原戸籍（明治5年式・明治19年式・明治31年式・大正4年式の各戸籍で原戸籍となったもの。ただし、明治5年式戸籍で明治19年式戸籍に改製したものを除く）↓80年

保存期間は、除籍あるいは改製された翌年から80年となります。

●改製原戸籍（明治5年式戸籍で明治19年式戸籍に改製したもの）↓50年

保存期間は、除籍あるいは改製された翌年から50年となります。

●改製原戸籍（平成6年12月1日以降、電子情報処理により原戸籍となったもの）

↓100年

保存期間は、改製の日から100年となります。

※　平成22年の戸籍法施行規則の一部を改正する省令により、除籍簿・改製原戸籍の保存期間が150年と改められました。

●戸籍の附票の除票↓150年

※　住民基本台帳法施行令の一部改正（令和元年6月20日施行）により、保存期間が5年から150年に改められました。

各種の戸籍のくわしい説明は第二章でします。

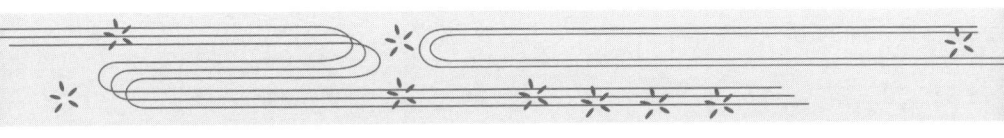

字が読めない場合はどうするの？

比較的最近作成された戸籍は、その内容を判読することはさほどむずかしくありません。ところが、戸籍をさかのぼっていき、明治の頃に作成されたものにもなると、事項欄にびっしりと毛筆で、しかも達筆に記載してあるものもめずらしくありません。

このように、ちょっと読みづらい、あるいはまったく読めない場合には思いきって交付してくれた市町村役場に電話で聞いてみるのも一つの手でしょう。役場の方は明治時代の先輩職員が書いた文字を読み慣れていますので、中には丁寧に教えてくれる方もいます。もちろん、まったく教えてくれないことも少なからずあるので、「駄目モト」ぐらいの気持ちで聞いてみるのがよいかと思います。そして、教えてもらえたときにはお礼の言葉を忘れずに伝えましょう。

戸籍用語

では、ここで戸籍用語の意味をおさえておきましょう。

「除籍」とは

除籍という言葉の意味は大きく2つに分けることができます。

一つめは、ある戸籍に記載されている構成員の一人が婚姻や死亡によって戸籍から除かれることをいいます。

またもう一つは、ある戸籍に記載されている人全員が婚姻や死亡によって戸籍から除かれ、結果としてその戸籍に誰もいなくなったため、戸籍簿から除籍簿に移し替えられた戸籍をいいます。そして、この除籍された戸籍全部の写しを除籍謄本といいます。

「戸籍の改製」とは

戸籍は、明治以降これまでに何度か形を変え作り直されています。これを「改製」といいます。戸籍が改製されてきた理由には法律の改正やコンピュータ化などがあります。

そして、改製される前の戸籍のことを「改製原戸籍」といいます。基本的には戸籍の記載事項をそのまま写しかえているので、形は変わっていても、記載されている身分の変遷に関する事項に変わりはありません。

ところが、改製の際に、前の戸籍に記載されている事項で写しかえられない事項も存在します。たとえば、改製前の戸籍の時点で出生届が出されながらも、幼くしてその子が亡くなってしまいその戸籍内で除籍された場合、その後改製作業により

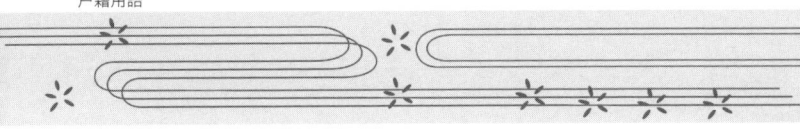

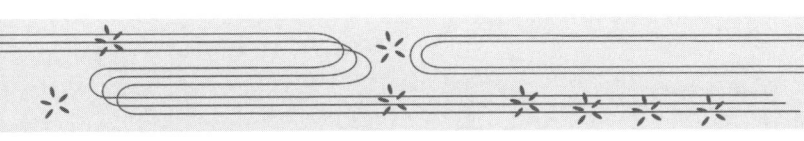

新しく戸籍が作り直されたときに、その子については新しい戸籍には移記されません。つまり、改製当時に在籍する人のみを写しかえて、改製前に除籍された者は省かれてしまうのです。

このようなことがあるため、改製原戸籍を確認しないと家系図が抜け落ちてしまいかねませんので、戸籍をさかのぼるときにその戸籍ができた理由に「戸籍の改製」があったら、改製前の「改製原戸籍」を取得するようにしてください。

ちなみに、離婚による夫婦関係の解消や、離縁による養子縁組の解消なども写しかえられません。

ワンポイント

「家」から「個人」へ

戸籍を調べると、戦後戸籍から突然記載されている人数が減り、記載事項が変わっていることに気づくと思います。これは、戦前は一族全員が記載されていたのに対し、戦後からは夫婦・親子（一つの夫婦および氏を同じくする子供）といわゆる核家族単位で記載するようになったからです。

このように戸籍の形が変わった背景には戦後の憲法改正があります。それまで家族にまつわる法律は「家」を一つの単位として構成されており、家の戸主には婚姻や養子縁組、離縁などに対する同意権がありました。現在ではあたり前となっている個々の身分行為が家と強く結びついていたのです。

それが昭和22年5月3日の「個人としての尊重（13条）」「法の下の平等（14条）」を掲げた新憲法の施行を受けて、その理念と相容れないものとして旧戸籍法は改正されました。そして新戸籍法は、親・子・孫の3代に及ぶ者を1つの戸籍に記載することはできない旨を定めました。

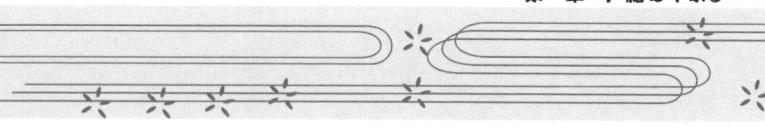

「戸籍の再製」とは

戦争や自然災害などにより戸籍がなくなってしまった場合は、戸籍を回復します。また、戸籍が汚れたり破れたりすることにより、将来その戸籍が駄目になってしまうおそれがある場合には、新しい用紙に差し替えます。このような「作直し」を「戸籍の再製」といいます。

「戸籍の再製」は「戸籍の改製」とは異なり、従前の戸籍をそのまま写しかえますのですべての内容がそのまま記載されます。また、汚れたり破れたりした前の戸籍は、再製原戸籍として1年間保存されます。しかし、戸籍としての効力はないため、謄本、抄本を請求することはできません。

なお戸籍が災害でなくなってしまった場合に備えて、法務局に戸籍の副本（予備）がありますので、戸籍再製の際にはこれを使います。

「戸籍の附票」とは

戸籍、除籍、改製原戸籍のほかに、戸籍関係の書類として「戸籍の附票」があります。戸籍は、前の項でご説明したとおり、住所とは関係ありません。しかし、それでは戸籍に記載されている人の住所と戸籍とを関連づけることができません。そこで住所の変遷が記録されている帳簿があります。これを戸籍の附票といいます。この戸籍の附票も、戸籍謄本と同じ方法で取得することができます。

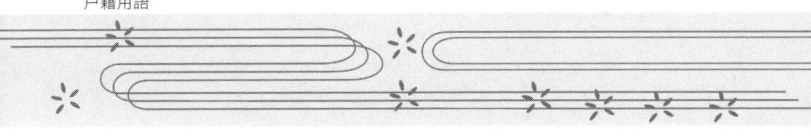

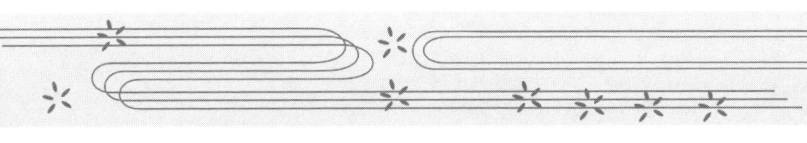

「転籍」とは

転籍とは、戸籍の所在地（＝本籍地）を別の所在地へ動かすことをいいます。戸籍の所在地（＝本籍地）は日本国内であればどこでもよく、本籍地を別の場所に動かすのに理由は必要ありません。このため、まったく関係のない場所であっても本籍地として定めることができます。

しかし、一般的には、新たに戸籍を編製する際、今までの本籍地と同じ本籍地としたり、現在の住所地を本籍地とします。「何となく」そのようにしている方が大半だと思いますが、たしかに住所地から離れたところに本籍地を定めると、戸籍謄本等が必要なとき、その離れた市町村役場に申請しなくてはならず大変不便です。

ちなみに、転籍先が今までと同じ市町村内であれば、転籍の記載は従前の戸籍の「事項欄」にされるだけですが、転籍先がほかの市町村である場合には、従前の戸籍は除籍となり、転籍先の市町村役場で新しい戸籍が作られます。

第二章 古い戸籍から今の戸籍までの見方

前章でお話したように、日本の戸籍の歴史はとても古く、現在わかっているとされているところでも7世紀中頃にはその存在が確認されています。ただ、その時代の戸籍は税金を徴収するなどの目的で作成されており、現在のような身分関係を証明するための戸籍は明治5年にその原型となるものが作られました。

その後、明治19年、明治31年、大正4年、昭和23年、平成6年に戸籍法が改正され、戸籍の形は変化してきました。これらの戸籍は、改正された年にちなんでそれぞれ「明治19年式戸籍」「明治31年式戸籍」「大正4年式戸籍」、昭和23年の改正以後の戸籍については「現行戸籍」、平成6年の改正後の戸籍については「コンピュータ化された（現行）戸籍」などと呼ばれています。

なお、平成6年の戸籍法の改正は、それまでは紙を利用していたものをコンピュータによって記録、管理できるようにするための改正ですが、戸籍のコンピュータ化は市町村の実情に応じて行うことになっているため、現在の戸籍管理は紙とコンピュータという二元的なものとなっています。もちろん、紙であれコンピュータであれ、その記載内容について本質的な差異があるわけではありませんし、そう遠くない将来において、コンピュータによる一元的な管理がなされるものと思われます。

さて、本章では、それぞれの時代の戸籍の見方をご紹介します。明治5年に作成された戸籍（いわゆる明治5年式戸籍）は、現在では保存期間経過のため取得することができなくなっており、見方としての資料自体希少なものとなっておりますので、本書では比較的取得が可能な明治19年式戸籍からコンピュータ化された現在の戸籍までの見方をご紹介したいと思います。

それでは、明治19年式戸籍からみることにしましょう。

明治19年式戸籍の見方

次の戸籍は、いわゆる明治19年式戸籍と呼ばれるもので、明治19年10月16日から明治31年7月15日までの間に作られたものです。

当時の戸籍の作られる原因の一つに「家督相続」があり、戸主が死亡した場合がその一例です。それではそのケースでみてみましょう。

明治19年式戸籍

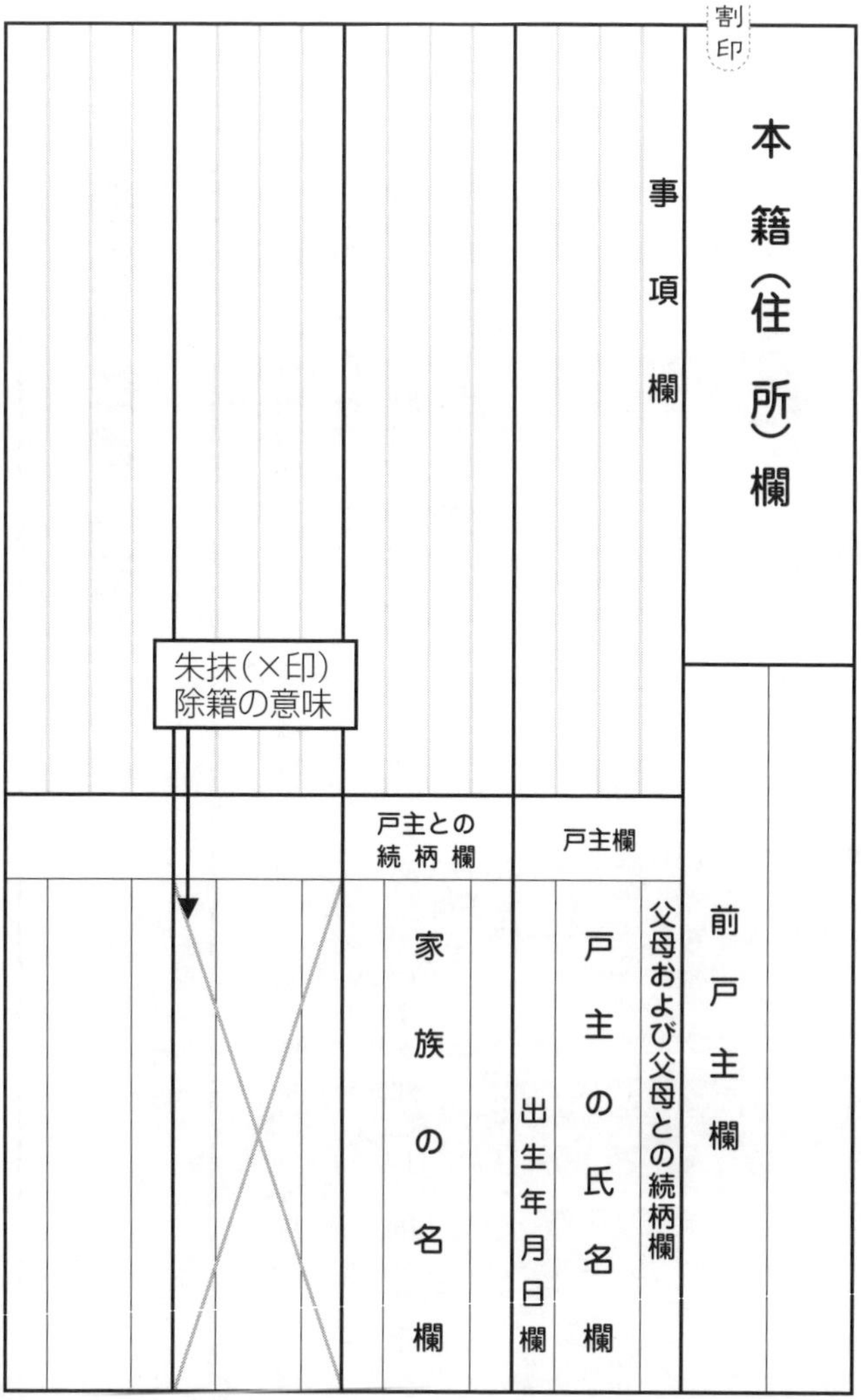
割印
本籍（住所）欄
事項欄
前戸主欄
戸主欄
父母および父母との続柄欄
戸主の氏名欄
出生年月日欄
戸主との続柄欄
家族の名欄
朱抹（×印）
除籍の意味

明治 19 年式戸籍の例

除籍

割印

東京市京橋区新富町一丁目壱番地

前戸主 亡父 法令儀助

続柄	事項	氏名	生年月日
戸主（儀助長男）	明治弐拾年拾月九日相続㊞ ❶ 明治四拾参年四月拾六日午前八時死亡同日届出同日受附㊞ ❷	法令遵守	慶応弐年七月拾参日生
母（亡儀助妻）	明治弐拾七年五月拾日死亡㊞	タツ	弘化参年五月拾五日生
妻（遵守妻）		サチ	慶応弐年六月拾日生
長女		花子	明治弐拾壱年拾壱月六日生
長男	明治四拾参年四月弐拾五日家督相続届出同日受附㊞ ❸	太一	明治弐拾参年壱月参日生

※ 実際の戸籍には、第一葉目の表面には４人、裏面には５人、第二葉目以下は表裏とも５人が記載されます。

明治参拾年拾弐月参拾日死亡㊞

女　二
明治弐拾五年拾壱月拾四日生
良子

男　二
明治弐拾八年壱月拾四日生
正弘

見方

この戸籍にはいつからいつまでのことが書いてあるの？

前の戸主である法令儀助が明治20年10月9日に死亡したことが、戸主・法令遵守の「事項欄」❶からわかります。そして、その長男である遵守の家督相続によってこの戸籍は作られました。よって、この戸籍は明治20年10月9日からの法令遵守家の記載がされた戸籍となります。

次にこの戸籍が法令遵守家のいつまでの記載をしたものなのかですが、このケースの場合、儀助から家督を相続した遵守が明治43年4月16日に死亡したため（戸主・遵守の「事項欄」❷より）、今度は長男である太一が明治43年4月25日に家督を相続したことがわかります（長男・太一の「事項欄」❸より）。つまり、この戸籍は明治20年10月9日から明治43年4月25日までの法令遵守家の記載をした戸籍となるのです。

「遵守」「タツ」について

タツの氏名の右欄に「亡　儀助　妻」とあるため、タツは儀助の妻であることがわかります。

また、遵守の「父母および父母との続柄欄」に「儀助　長男」とあり、さらにタツの「戸主との続柄欄」には「母」と記載があるため、遵守は儀助とタツの長男であることがわかります。

「サチ」について

サチについては「戸主との続柄欄」に「妻」と書いてあるため、遵守の妻であることがわかります。

なお、このケースではいつ遵守とサチが婚姻したか明らかではありませんが、この戸籍が作られる前の戸籍にはその旨の記載があるものと考えられます。しかしその戸籍は、明治5年2月1日から明治19年10月15日まで作られていたいわゆる「明治5年式戸籍」ですので、現在では保存期間経過のため取得をすることができず、サチの婚姻日については戸籍上明らかにすることはできません。

「花子」「太一」「良子」「正弘」について

各人が「戸主との続柄欄」の記載から、それぞれ遵守とサチの子であることがわかります。

「タツ」「良子」に死亡の記載あり！

タツおよび良子の「氏名欄」に朱抹がなされています。各人の「事項欄」をみると、タツについては明治27年5月10日に、良子については明治30年12月30日に死亡したため、本戸籍から除籍されたことがわかります。

なお、2人は新戸籍（次の戸籍。46ページからの戸籍）に移記されないため、新戸籍のみを取得しても、その存在を知ることはできないのです。

この戸籍は取れるの？

この戸籍は、明治43年4月25日に法令太一の家督相続の届出により除籍されたものであり、除籍簿の保存期間は除籍をした翌年から80年（平成22年戸籍法施行規則の一部改正前）とされるため、この除籍謄本を取得することはすでにできないこととなります。もちろん、過去に取得したものが手元にあれば、内容を確認することができます。

家系図を作ってみよう!

さて、この戸籍からわかる親族関係を家系図にしてみましょう。

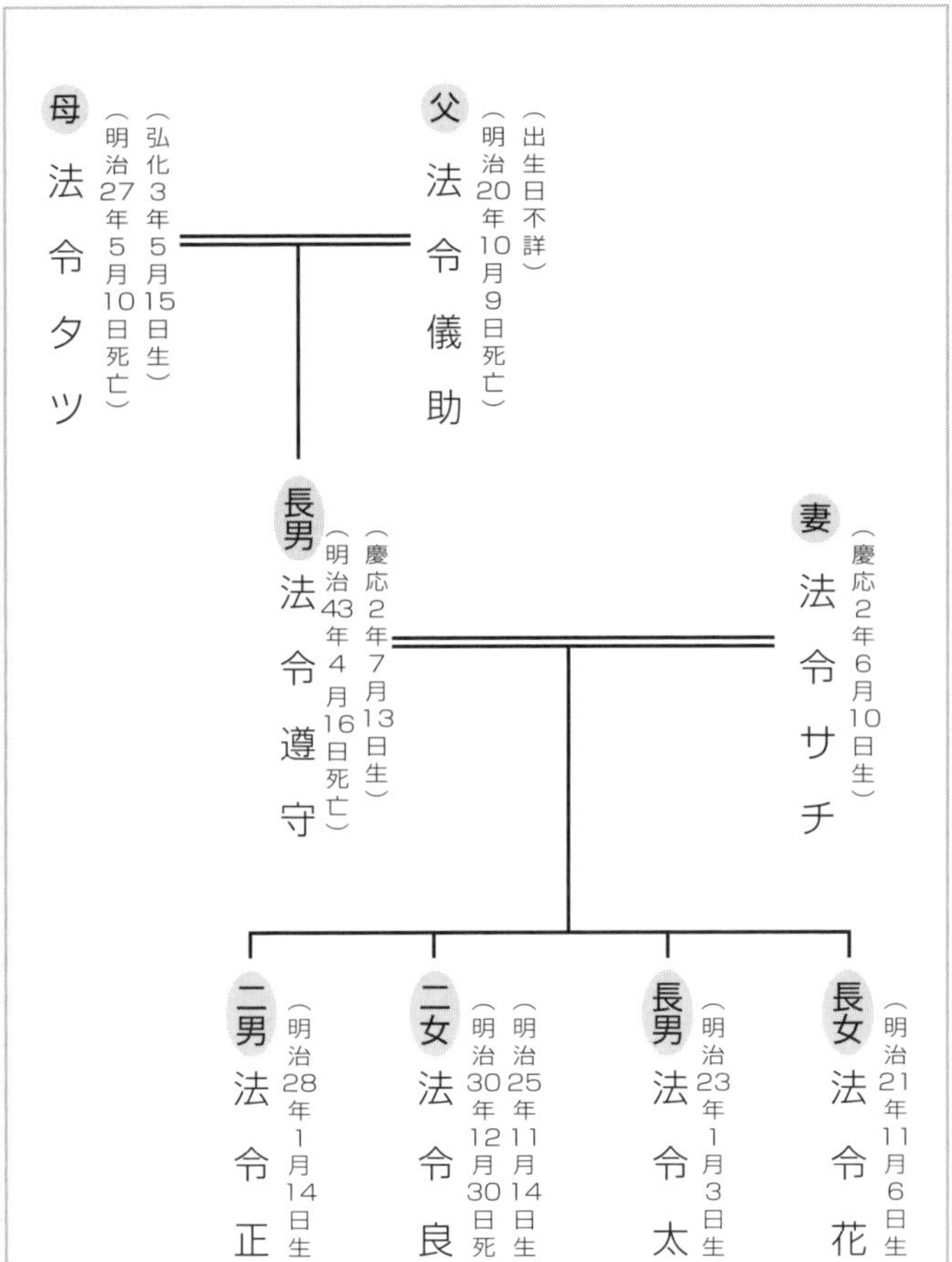

明治31年式戸籍の見方

次の戸籍は、いわゆる明治31年式戸籍と呼ばれるもので、明治31年7月16日から大正3年12月31日までの間に作られたものです。

当時の戸籍の編製原因の一つに家督相続があり、戸主が死亡した場合がその一例でしたが、次のケースもそのケースです。

明治19年式戸籍と大きく異なる点は「戸主となりたる原因および年月日欄」が追加されたことです。ここに家督相続の年月日が記載されるので、戸籍がいつ作られたかが一目でわかるようになりました。

明治 31 年式戸籍

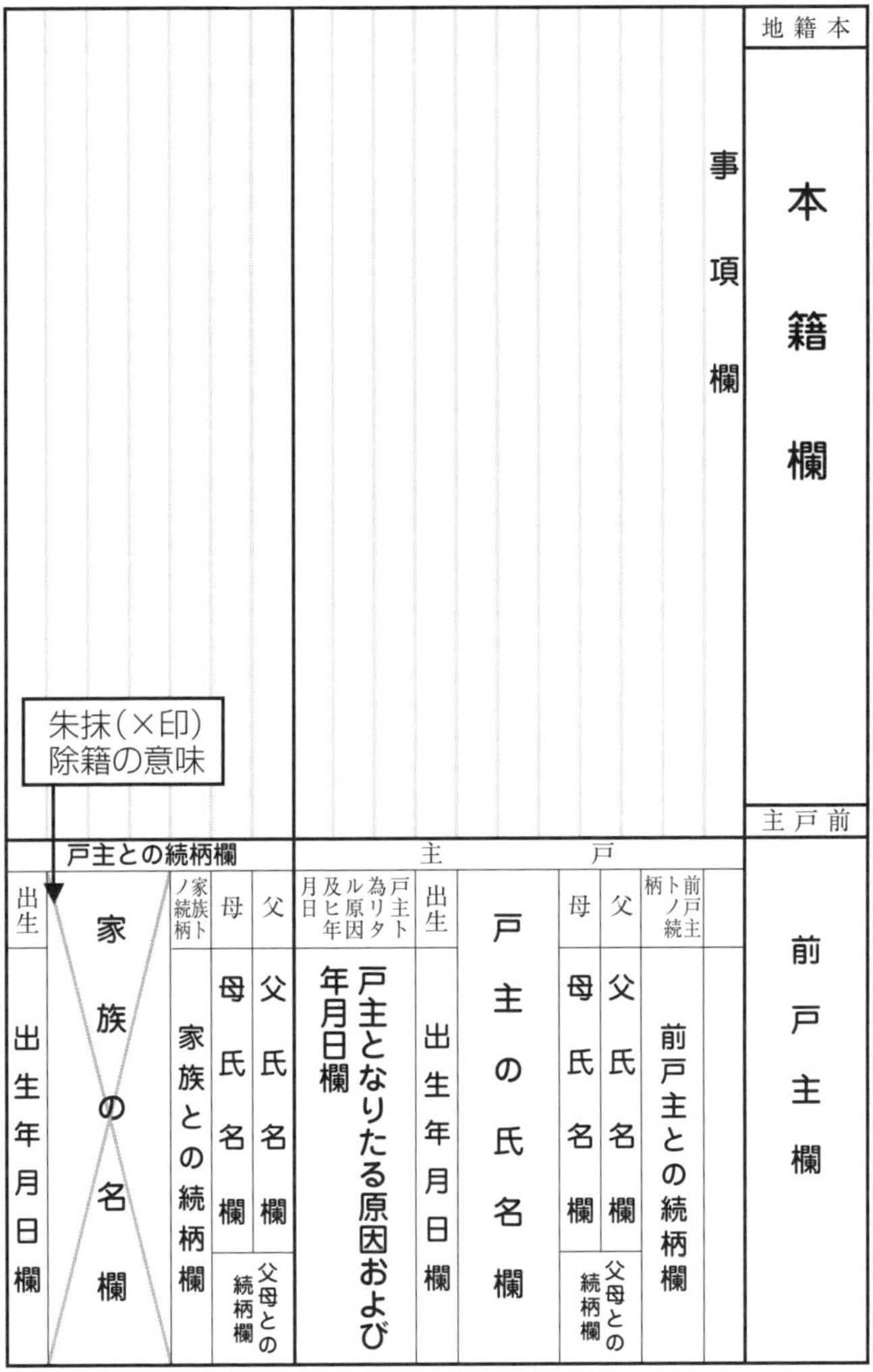
本籍地
本籍欄
事項欄
前戸主
前戸主欄
戸主
前戸主トノ続柄
前戸主との続柄欄
父
父氏名欄
母
母氏名欄
父母との続柄欄
戸主の氏名欄
出生
出生年月日欄
戸主ト為リタル原因及ヒ年月日
戸主となりたる原因および年月日欄
戸主との続柄欄
父
父氏名欄
母
母氏名欄
父母との続柄欄
家族トノ続柄
家族との続柄欄
家族の名欄
出生
出生年月日欄
朱抹（×印）
除籍の意味

明治31年式戸籍の例

除籍

本籍地	
	東京市京橋区新富町一丁目壱番地

昭和拾五年六月参日午後八時本籍ニ於テ死亡同居者法令喜一届出同月五日受附㊞ ❷

昭和拾五年七月壱日法令喜一ノ家督相続届出アリタルニ因リ本戸籍ヲ抹消ス㊞ ❸

前戸主	前戸主ト続柄	父	母	戸主	出生	戸主ト為リタル原因及ヒ年月日
法令遵守	亡法令遵守長男	法令遵守	サチ（長男）	法令太一	明治弐拾参年壱月参日	父遵守死亡ニ因リ明治四拾参年四月拾六日戸主ト為ル同月弐拾五日届出同日受附㊞ ❶

大正弐年弐月五日午前六時死亡同月六日届出同日受附㊞

	父	母	家族ト続柄	出生
母　サチ	亡甲野義助	亡ツネ	長女	慶応弐年六月拾日

東京市芝区西久保巴町壱番地日本太郎ト婚姻届出大正八年九月拾日芝区長○○受附同月拾参日送付除籍㊞

父	母	家族ト続柄
亡法令遵守	サチ	長女

※　実際の戸籍には、第一葉目の表面には２人、裏面には３人、第二葉目以下は表裏とも３人が記載されます。

続柄	名	父	母	家族ト続柄	出生	事項
姉	花子				明治弐拾壱年拾壱月六日	
弟	正弘	亡法令遵守	サチ	二男	明治弐拾八年壱月拾四日	
妻	あずみ	亡田中長吉	ユキ	三女	明治弐拾五年九月弐日	大正弐年拾壱月参日埼玉県北足立郡白子村大字白子三百番地田中大吉妹婚姻届出同日受附入籍㊞ 昭和拾五年六月参日夫太一死亡㊞
長男	喜一	法令太一	あずみ	長男	大正弐年五月拾参日	大正弐年五月拾参日出生届出同日受附㊞
二男	竜一	法令太一	あずみ	二男	大正六年六月六日	本籍ニ於テ出生父法令太一届出同日受附入籍㊞

見方

この戸籍にはいつからいつまでのことが書いてあるの？

「戸主となりたる原因および年月日欄」❶をみると、前の戸主である法令遵守が明治43年4月16日に死亡したことにより長男の太一が明治43年4月25日に家督相続の届出をしたことにより、この戸籍が作られたことがわかります。よって、この戸籍は明治43年4月25日からの法令太一家の記載がされた戸籍となります。

次に、この戸籍が法令太一家のいつまでの記載をしたものなのかですが、このケースでは遵守から家督を相続した太一が昭和15年6月3日に死亡したため❷、その長男の喜一が昭和15年7月1日に家督を相続し届け出たことにより❸、新しい戸籍が作られ、この戸籍が除籍されたことがわかります。つまりこの戸籍は、明治43年4月25日から昭和15年7月1日までの法令太一家の記載をした戸籍となるのです。

「太一」について

明治31年戸籍は明治19年式と異なり、「戸主の氏名欄」の右に「前戸主との続柄」「父」「母」「父母との続柄」の欄があります。これにより明治19年式戸籍より身分関係がよくわかるようになりました。

太一は法令遵守とサチの長男、と書いてあります。

なお、法令太一の氏名が朱抹されているのは、昭和15年6月3日に死亡したことにより除籍されたためです（太一の「事項欄」❷より）。

「サチ」について

サチの「戸主との続柄欄」に「母」と書いてありますから、サチは太一の母であることがわかります。前の明治19年式戸籍ではサチは遵守の妻であったため、「戸主との続柄欄」には「妻」と書いてありましたが、この戸籍は戸主を太一としたもののため、「母」に改められたわけです。

なお、サチの「事項欄」の内容から、サチは大正2年2月5日に死亡しこの戸籍から除籍され、氏名が朱抹されたことがわかります。

「花子」について

花子の「戸主との続柄欄」に「姉」と書いてあるため、花子は太一の姉であることがわかります。前の戸籍では「戸主との続柄欄」に「長女」と書いてありましたが、この戸籍では「姉」と改められました。また、「父母および父母との続柄欄」に法令遵守とサチの長女、と書いてあることから、花子は遵守とサチの子であり太一と姉弟関係であることがわかります。

なお、花子の「事項欄」に、大正8年9月10日に東京市芝区西久保巴町1番地の日本太郎と婚姻、と書かれていることから、花子は婚姻によってこの戸籍から除籍され、氏名が朱抹されたことがわかります。

「正弘」について

同じようにみていくと、正弘は太一の弟であり、兄弟であることがわかります。

「あずみ」について

「戸主との続柄欄」に「妻」と書いてあるため、あずみは戸主太一の妻であることがわかります。また、あずみの父母については、「父母および父母との続柄欄」から田中長吉とユキであることがわかります。なお、「事項欄」より、大正2年11月3日に太一と婚姻したことにより入籍したことがわかります。

ちなみに、あずみの以前の戸籍が、埼玉県北足立郡白子村大字白子300番地の田中大吉（あずみの兄）の戸籍であることが「事項欄」によってわかります。これは、あずみの父である長吉に死亡等の事情が生じ、大吉が家督を相続し、その戸籍にあずみも入籍していましたが、今回の婚姻によって大吉の戸籍から除籍され、法令太一の戸籍に入籍したことを示しています。

なお、あずみの父母と兄の氏名はこの戸籍でわかりますが、あずみは田中長吉とユキの三女となっているため、その兄弟を知ろうとする場合、田中大吉の戸籍を取得しなければなりません。

「喜一」「竜一」について

「父母欄」および「戸主との続柄欄」から、太一とあずみの、順に長男、二男であることがわかります。

なお竜一の「事項欄」には、出生場所（本籍）、届出人（父法令太一）、届出日（同日＝出生した日）が記載されているため、どこで生まれて、誰がいつ届け出たのかを知ることができますが（いつ生まれたのかは「出生事項欄」をみることで明らかとなります）、喜一の「事項欄」には届出日こそ記載されているものの、どこで生まれて、誰が届け出たかは記載されていません。さらにいってしまえば、前出の明治19年式戸籍ではいつ生まれたかを知ることはできますが、どこで生まれて、いつ誰が届出をしたのかも明らかとなっていませんでした。

これは、出生事項（出生場所等の記載）について以下のような取扱いの変遷があったからです。明治31年7月16日前の出生については、特に記載をしない取扱いとしていましたが、諸処の理由から明治31年7月16日から大正3年12月31日までは「明治（または大正）○○年○月○日出生届出同日受付」と記載することとし、さらに、大正4年1月1日からは「○○県○○郡○○町○○番地において出生（本籍において出生した場合は「本籍において出生」）、父○○届出、大正○○年○○月○○日受付入籍」と詳細に記載することとしました。

この戸籍は取れるの？

この戸籍は、昭和15年7月1日に法令喜一の家督相続の届出により除籍されたものので、除籍簿の保存期間は除籍をした翌年から80年（平成22年戸籍法施行規則の一部改正前）とされるため、平成20年現在においても取ることができます。

家系図を作ってみよう！

さて、この戸籍からわかる親族関係を家系図にしてみましょう。

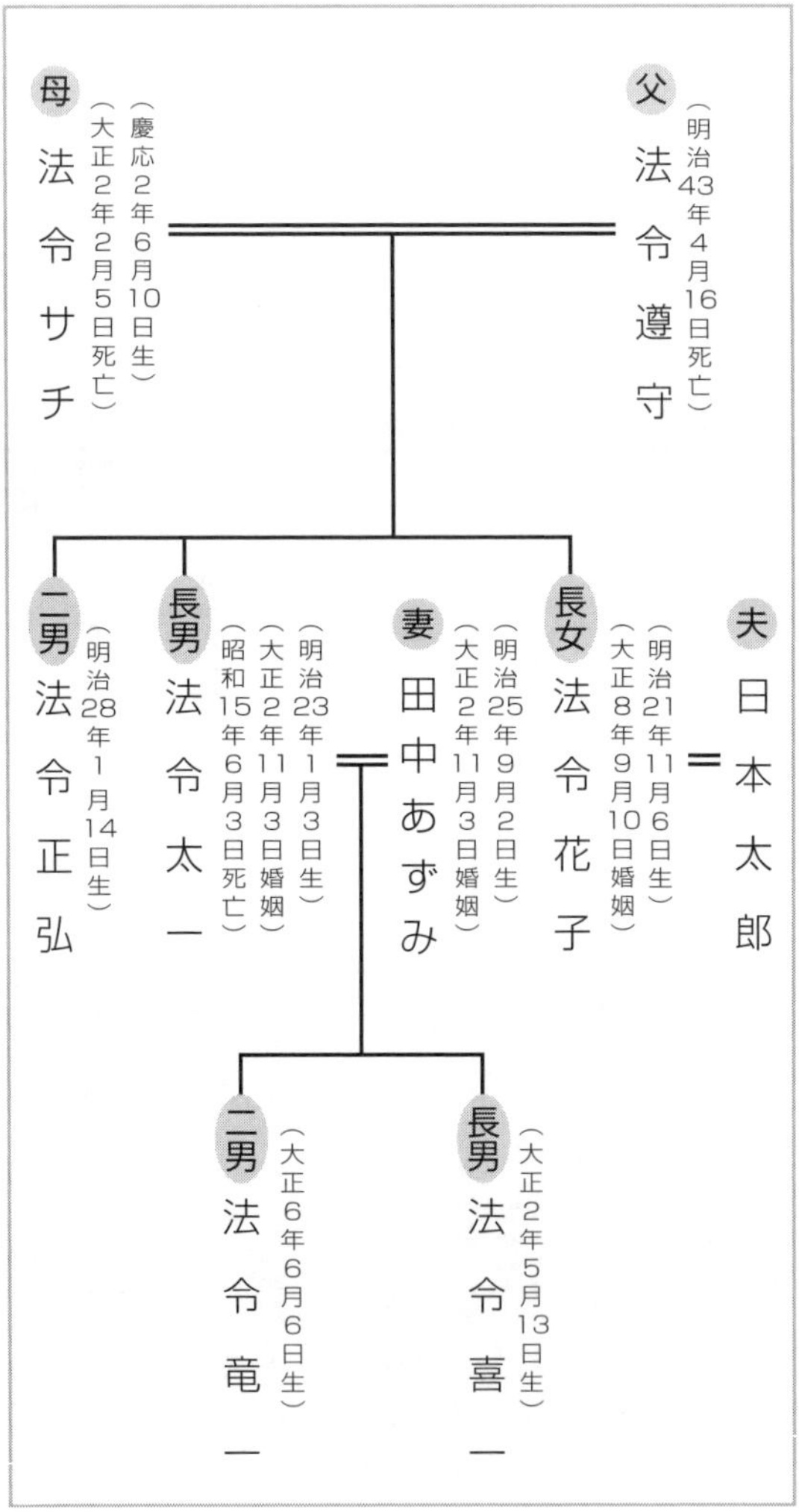

大正４年式戸籍の見方

次の戸籍は、いわゆる大正４年式戸籍と呼ばれるもので、大正４年１月１日から昭和22年12月31日までの間に作られたものです。

大正４年式戸籍と明治31年式戸籍で大きく異なる点として、「戸主となりたる原因および年月日欄」が廃止され、その内容が戸主の「事項欄」に書かれるようになった点があります。

当時の戸籍の編製原因の一つに家督相続があり、戸主が死亡した場合がその一例でしたが、次のケースもそのケースです。

大正４年式戸籍

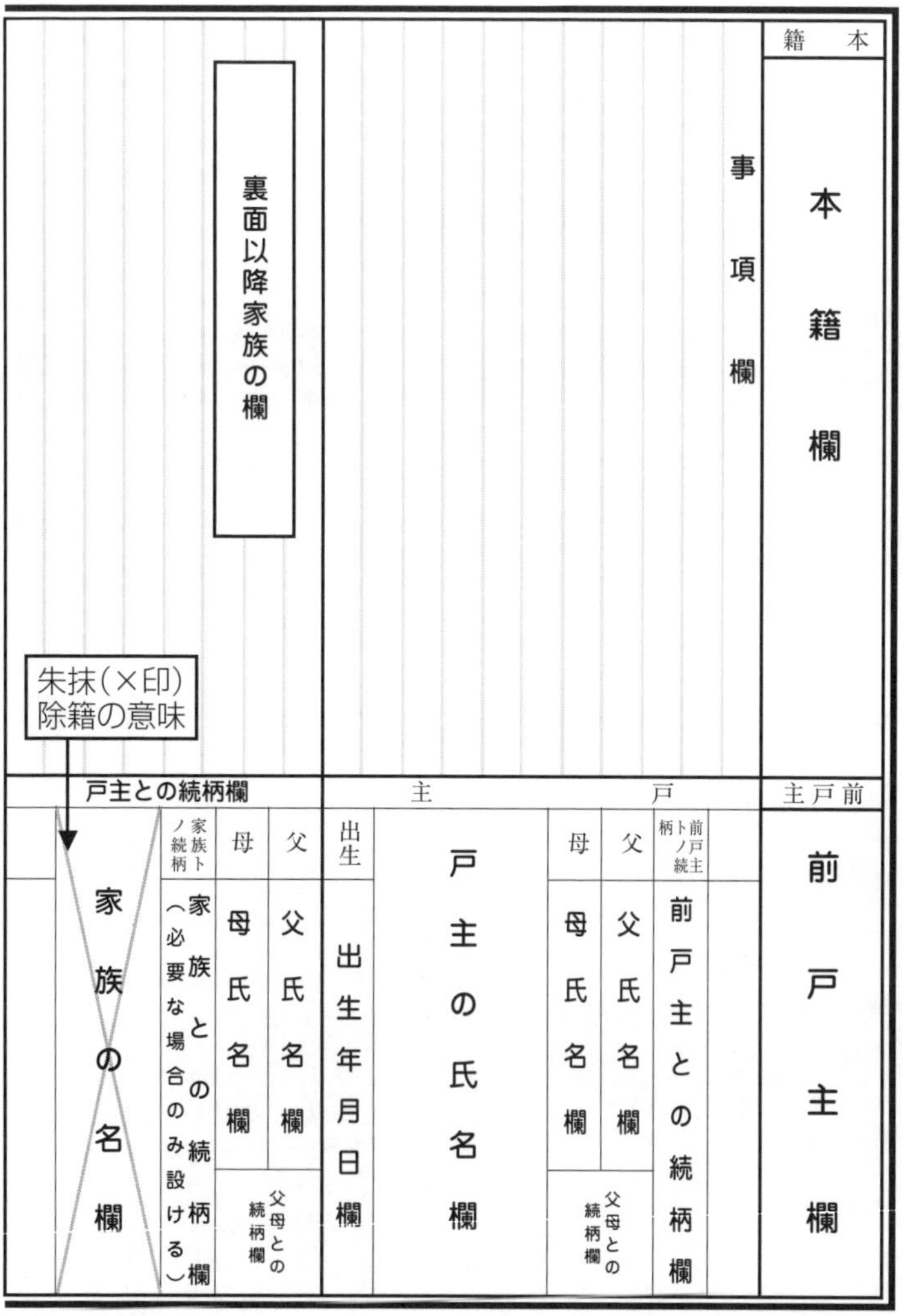
本籍
本籍欄
事項欄
裏面以降家族の欄
前戸主
前戸主欄
戸主
前戸主ト ノ続柄
前戸主との続柄欄
父
父氏名欄
母
母氏名欄
父母との続柄欄
戸主の氏名欄
出生
出生年月日欄
戸主との続柄欄
父
父氏名欄
母
母氏名欄
父母との続柄欄
家族ト ノ続柄
家族との続柄欄
（必要な場合のみ設ける）
家族の名欄
朱抹（×印）
除籍の意味

大正４年式戸籍の例

改製原戸籍

本籍	
~~東京市芝区~~ 都港区芝 西久保巴町壱番地	大正五年六月参日前戸主一死亡ニ因リ家督相続届出同年七月壱日受附㊞❶ 法令花子ト婚姻届出大正八年九月拾日受附㊞ 昭和参拾弐年法務省令第二十七号により昭和参拾参年四月五日本戸籍改製㊞❸ 昭和参拾弐年法務省令第二十七号により昭和参拾六年六月拾五日あらたに戸籍を編製したため本戸籍消除㊞❷

前戸主	前戸主ト続柄	父	母	戸主	出生
日本一	亡日本一 長男	亡日本一	セツ	日本太郎	明治弐拾弐年壱月拾五日
		長男			

※　実際の戸籍には、第一葉目の表面には戸主１人が記載され、裏面には２人、第二葉目以下は表裏とも２人が記載されます。

【婚姻前の本籍（記載省略）】戸主佐藤玄太妹明治弐拾年四月弐拾
日日本一ト婚姻届出同日入籍㊞
大正五年六月参日夫一死亡ニ因リ婚姻解消㊞
昭和弐拾五年五月五日午後五時五拾五分本籍で死亡同居の親族日本
太郎届出同月九日受付除籍㊞ ❹

母

父	亡佐藤一郎
母	亡ハル
	二女
	セツ
	慶応参年弐月拾四日

東京市京橋区新富町一丁目壱番地戸主法令太一姉大正八年九月拾日
日本太郎ト婚姻届出同日入籍㊞ ❺

妻

父	亡法令遵守
母	サチ
	長女
	花子
出生	明治弐拾壱年拾壱月六日

本籍ニ於テ出生父日本太郎届出大正九年拾壱月参日受附入籍㊞

長男

父 日本太郎

母 花子

長男

一郎

出生 大正九年拾月参拾日

本籍ニ於テ出生父日本太郎届出大正拾弐年参月五日受附入籍㊞

二男

父 日本太郎

母 花子

二男

二郎

出生 大正拾弐年参月参日

見方

この戸籍にはいつからいつまでのことが書いてあるの？

この戸籍では、戸主である日本太郎の「事項欄」❶より、前の戸主である日本一が大正5年6月3日に死亡したことにより、長男の太郎が大正5年7月1日に家督相続の届出をしたことにより作られたことがわかります。よって、この戸籍は大正5年7月1日からの日本太郎家の記載がされた戸籍となります。

次に、この戸籍が日本太郎家のいつまでの記載をしたものなのかですが、このケースの場合、前の戸籍（明治19年式、明治31年式）と異なり戸主である太郎が死亡して家督相続が始まったことなどどこにも記されていません。その代わり、戸主の「事項欄」❷に「昭和32年法務省令第27号により昭和36年6月15日あらたに戸籍を編製したため本戸籍消除」と記されています。

大正4年式戸籍は、昭和23年1月1日より、戦後憲法の制定を受けた戸籍法の改正により記載の仕方が変わりました。1つの戸籍には「1つの夫婦及びこれと氏を同じくする子」のみを記載することになったのです。つまりそれまでとは異なり、祖父母、兄弟姉妹、叔父叔母等は同一の戸籍に記載しなくなったのです。

この結果、それ以前の戸籍を作り替える必要が生まれましたが、すべてをいっせいに作り替えることはむずかしいため「従前の戸籍については新法施行から10年を経過して改正されるまでは新法戸籍とみなす」とされました。そして、10年経った後に順次古い戸籍を新しい戸籍に作り替えたのですが、その時古い戸籍には「昭和32年法務省令第27号により昭和○年○月○日あらたに戸籍を編製したため本戸籍消除」と記載するとともに、欄外に「改製原戸籍」と表示し、新しい戸籍に作り直されたことを示しました。つまり、この戸籍は大正５年７月１日から昭和36年６月15日までの日本太郎家の記載がされた戸籍となるのです。

「昭和32年法務省令第27号により昭和33年4月5日本戸籍改製」(❸)という記載について

さて、「昭和32年法務省令第27号により昭和36年６月15日あらたに戸籍を編製したため本戸籍消除」という記載の右にあったこの記載は何でしょうか。

わかりやすくいうと、新基準を満たした戸籍であると認定されたということです。

つまり、このケースでは、戸籍作成時（大正５年７月１日）には戸主の日本太郎とその母セツが記されており、その後妻花子が大正８年９月10日に入籍し、長男一郎と二男二郎が生まれました。しかし、その後昭和25年５月５日にセツが死亡により除籍されたため、結果として、戸籍には太郎と花子とその子のみになり新法の基準にあてはまったため、実質的に書替えをしなくても問題がないことから、「改製」の記載だけをし新戸籍とみなし、書替えの作業を省略したのです。この、書替えを省略し、新戸籍とみなす改製を「一次改製」または「簡易改製・強制改製」といいます。

しかし、戸籍の形自体は古いままですので、やはりいずれは書替えの必要はあり、その後「昭和32年法務省令第27号により昭和○年○月○日あらたに戸籍を編製したため本戸籍消除」と記載し、実質的な書替えが行われました。これを「二次改製」または「任意改製」といいます。

大正4年式戸籍の改製

むずかしい言葉が出てきました。ここでこの「大正四年式戸籍の改製」についてくわしく説明しておきましょう。そもそも戸籍の改製とは、通常、戸籍の様式（形）が法令に基づき改められた場合に（法律の改正）、それまでに従前の規定で作られていた戸籍を新様式に改めるための編製替え（作り替え）のことをいいます。そして、戸籍の改製は、それぞれの時代に、法律の改正によって行われてきました。

このうちの昭和23年の戸籍法の改正（現在の戸籍法）は、1つの戸籍の編製基準を「1つの夫婦及びこれと氏を同じくする子」のみとする大改正でした。

たとえば、AとBが結婚をしてCが生まれた場合、この3名はいずれも1つの戸籍（この戸籍を「A戸籍」と呼ぶことにします）に記載されることになりますが、その後Cが大人になってDと結婚をした場合、改正法のもとではDをこのA戸籍に入籍させることができません。新たにCとDの戸籍（「B戸籍」）を作らなければならないことになります。

これは、もしDをA戸籍に入籍させると、A戸籍は1つの戸籍であるにもかかわらず、①AB夫婦、②CD夫婦という

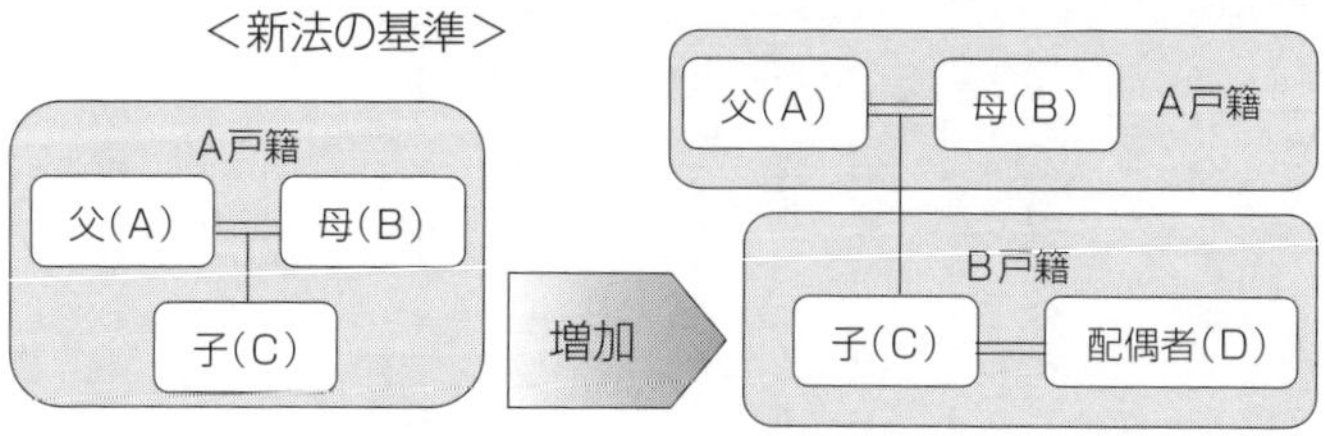

2つの夫婦を記載する戸籍となり改正法の基準に違反してしまうからです。

そうすると、旧法戸籍は家を単位として1つの戸籍を編製していましたので、基準を満たさない戸籍が多く存在することになります。たとえば、一つの戸籍の中におじ、おば等がいるような場合です。しかし「法律が改正されたから、いますぐ新しい基準で戸籍を作れ」といっても、実際にそれを行うことは困難でした（敗戦後の経済事情や新制度に対する国民感情等に要する配慮からとされています）。そこで当時の法律は、新法施行から10年間は昔の様式の戸籍であったとしても新しい戸籍とみなして利用し、直ちに作り替えなくてもよいこととしました。（もちろんその間も、婚姻届等があったような場合は、新法基準の新しい様式で戸籍を作成していました。）

そして10年が経ち、いよいよ新法基準（1つの夫婦およびこれと氏を同じくする子）に適合させる戸籍の改製作業が始まります。しかし、もとより新法基準を満たしている戸籍、または10年が経過する途中で新法基準を満たす戸籍となる場合（たとえば、旧法時代に戸主を父親とする戸籍があり、同籍する者として祖父、母、子がいるような場合

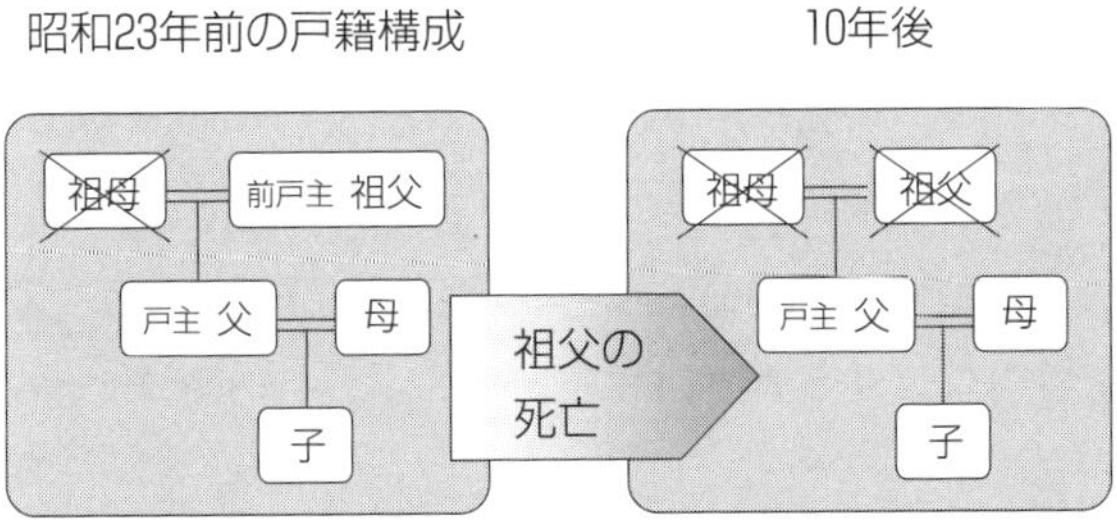

祖父が亡くなった結果、この戸籍は新法基準を満たす戸籍となった（あるいはもとより基準を満たす形だった）❶

で、新法施行から10年を経過するまでに祖父が亡くなってしまったような場合）もあります。このような場合、10年経過後にその戸籍に在籍する者は父、母、子のみですから、いってしまえば「用紙は古いけれども新法基準は満たしている」ことになりますので、これを直ちに新しい用紙にすることなく戸主の「事項欄」にその旨を記載するだけで、新法の戸籍として継続使用することとしました❶。

しかしもちろんこのように都合のよい戸籍ばかりが存在するわけではありません。たとえば、父を戸主とし、子と叔父が在籍する戸籍があり、この戸籍が新法施行から10年を経過した場合は、新法を基準とする戸籍を作らなければならないこととなります。そして、新法の基準では叔父は父と子の戸籍に入籍することができませんので、この場合まず、叔父を父と子の戸籍から除籍し、叔父自体の戸籍を作ること（この時作成される叔父の戸籍は新しい様式となります）としました❷。

その結果、残された古い戸籍は父と子が在籍する戸籍となり新法基準に適合するので、先程と同じようにこれを直ちに新しい用紙にすることなく、戸主の「事項欄」にその旨を記載するだけで新法の戸籍とみなして継続使用するこ

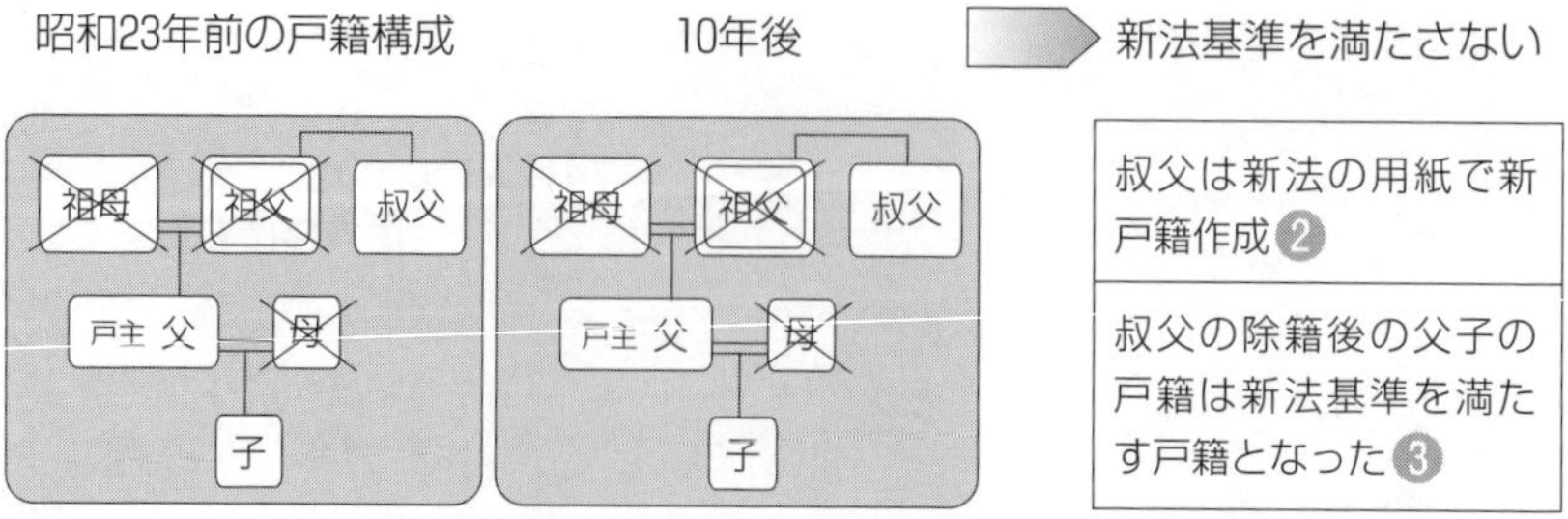

としました❸。

以上のような、❶から❸の作業を「一次改正」といいます（なお、本来の戸籍の改製は、法律の改正にともない戸籍の用紙を新しいものにすることなので、❶❸については、本来の意味での改製ということはできないこととなります。しかし、大正４年式戸籍の改製においては上記のようなケースも改製したものと扱うとしたため、この改製を「簡易改製」と呼ぶこともあります）。

ちなみに、前述した新法基準を満たしている戸籍があったとしても、❶の取扱いをすることなく直接新しい用紙で戸籍を作成するケースも存在します。

たとえば、子供が戸主となり、その親が子供の戸籍に同籍しているような場合です。この場合、前述の新法の基準は満たしていますが、新法はさらに父または母を筆頭者とし子はその同籍者としなければならないとしたため、子が筆頭者となる戸籍は許されず、直接父または母を筆頭者とする新しい用紙で戸籍を作ることとになります。

ですから、このようなケースでは、直接戸籍の改製（❷と同様の取扱い）がなされたこととなります。

最後に、一次改製によって新しい戸籍とみなして利用して

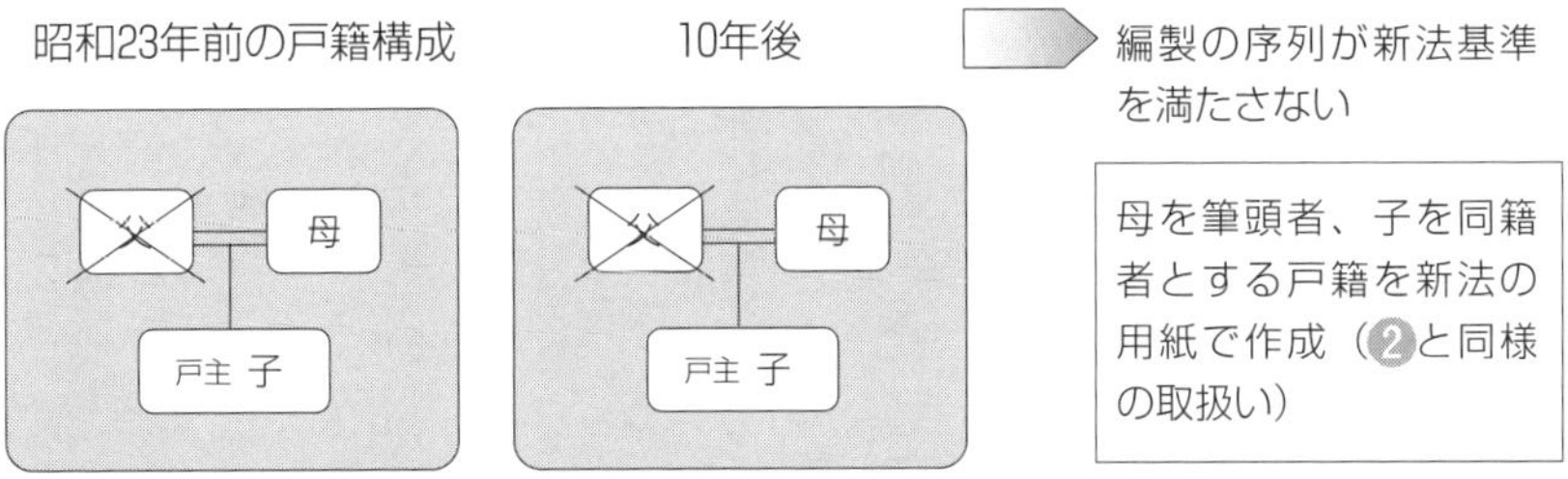

いた昔の様式のままの戸籍（❶❸のケース）についてですが、新法基準に適合しているとはいえ、その存続を認めてしまうと、大正４年式戸籍と現行戸籍の２種類の戸籍が存在し混乱を生じますので、一定期間を経た後新しい用紙に作り替えられ、名実ともに改製（本来の意味での改製）されました。この作業を「二次改製」といっています。

なお、一次改製（❷のケース）は昭和36年３月までには終了したそうですが、二次改製も実際には一次改製実施後すみやかに行うべきものとされ、昭和41年３月には事実上終了したそうです。

このように、大正４年式戸籍の改製は、必要に応じて二度の改製作業によって行われたため、わかりにくいところがあるかもしれませんが、理解を深めるにつれて、その歴史的背景など興味深いものが出てくるでしょう。

また、一次改製のことを、前述のように「簡易改製」とも、また「強制改製」（この呼び方は、新法施行後10年経過した後に必ずやらなければならないとされていたことからです）とも呼びます。また、二次改製のことを「任意改製」（これは、一次改正後の戸籍については、二次改製を行うことができると規定していたため、任意という用語が用いられたようです）と呼ぶこともありますが、いずれも、正式な法律用語とはされていません。

「太郎」について

それでは戸籍例に戻りましょう。

戸主である日本太郎は、日本一とセツの長男であることが、太郎の「父母および父母との続柄欄」からわかります。

「セツ」について

「戸主との続柄欄」に「母」と書いてあることから、太郎の母であることがわかります。またセツの父母については、「父母および父母との続柄欄」に佐藤一郎、ハルの二女である旨が書いてあります。

なお、セツの「事項欄」❹には、昭和25年5月5日午後5時本籍で死亡した旨が書いてありますので、死亡により除籍され、名前が朱抹されたことがわかります。

「花子」について

「戸主との続柄欄」に「妻」と書かれているため、戸主である太郎の妻であることがわかります。また花子の「事項欄」❺から、大正8年9月10日に太郎との婚姻により入籍したこともわかります。また花子の父母は、「父母欄」により法令遵守とサチであることがわかります（日本太郎の義理の父母ということになります）。

ちなみに、「事項欄」により花子の前の戸籍が、東京市京橋区新富町１丁目１番地の法令太一（花子の弟）の戸籍だったことがわかります。これは、花子の父である遵守に死亡等の事情が生じ、太一が家督を相続するため新しい戸籍が作られ、その戸籍から花子が婚姻により除籍されたということを示しています。（花子については、１つ前の戸籍（明治31年式戸籍）から、つながったこととなります。）

「一郎」「二郎」について

太郎と花子の子であることが「父母欄」からわかり、その続柄は「父母との続柄欄」および「戸主との続柄欄」より順に長男、二男であることがわかります。

この戸籍は取れるの？

この戸籍は、昭和36年６月15日に新法戸籍への作替え（改製）のために消除された改製原戸籍であり、大正４年式戸籍で原戸籍となったものの保存期間は改製の翌年から起算して80年（平成22年戸籍法施行規則の一部改正前）とされるため、平成20年現在でも取ることができます。

家系図を作ってみよう！

さて、この戸籍からわかる親族関係を家系図にしてみましょう。

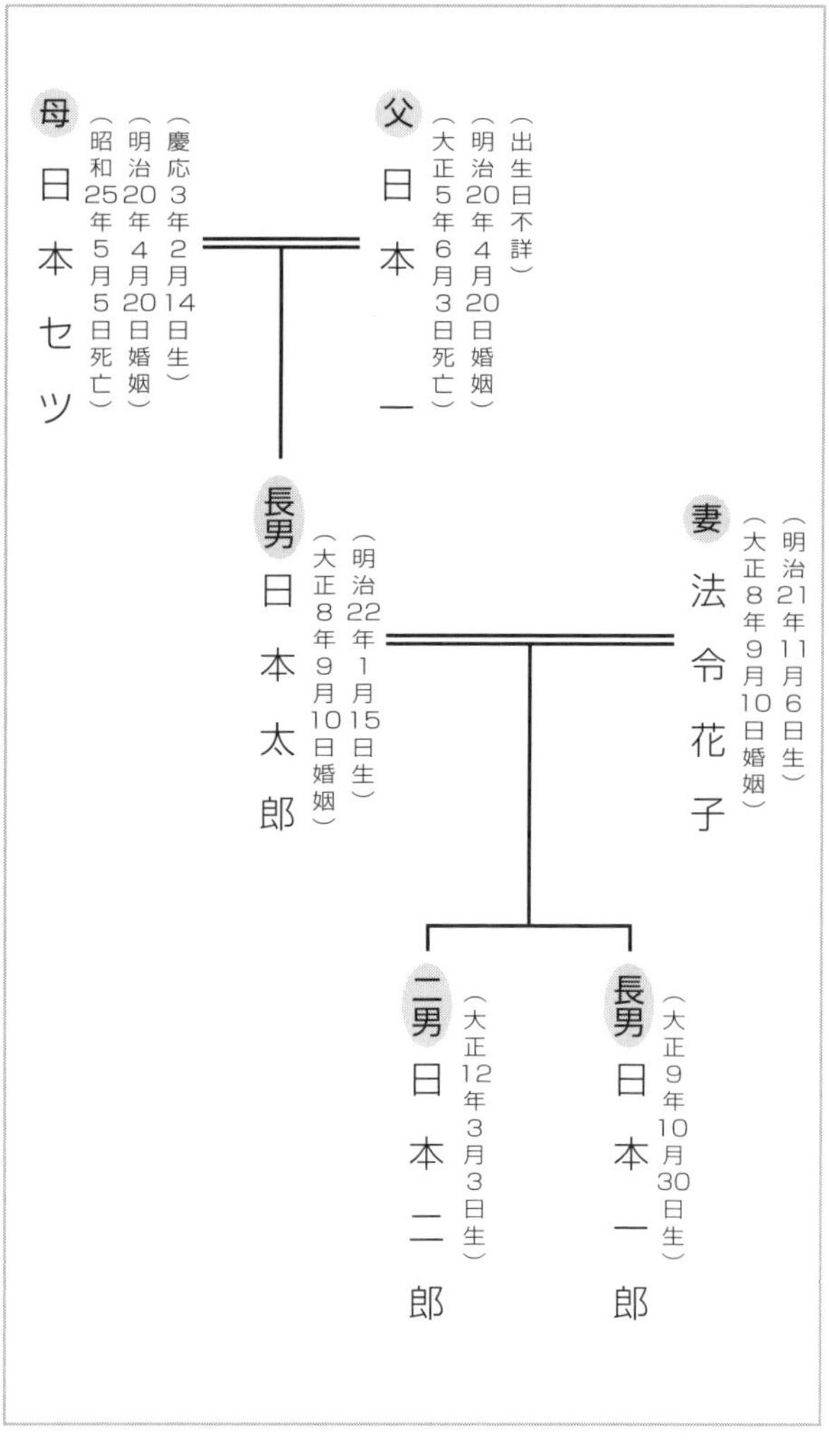

改製により作られた現行戸籍の見方

次の戸籍は、現行戸籍と呼ばれるもので、昭和23年1月1日以降に作られているものです。

前の戸籍と異なる点として、「戸主欄」「前戸主欄」がなくなり、代わりに「筆頭者氏名欄」が設けられた点、また、同じ戸籍内の各人に共通する事項を記載するために「戸籍事項欄」が設けられた点があります。また、旧法戸籍とは異なり、筆頭者の死亡が新戸籍に作り替えられる原因にならなくなった点も大きな点です。筆頭者が死亡してもその戸籍の筆頭者は死亡した人のままです。

現行戸籍

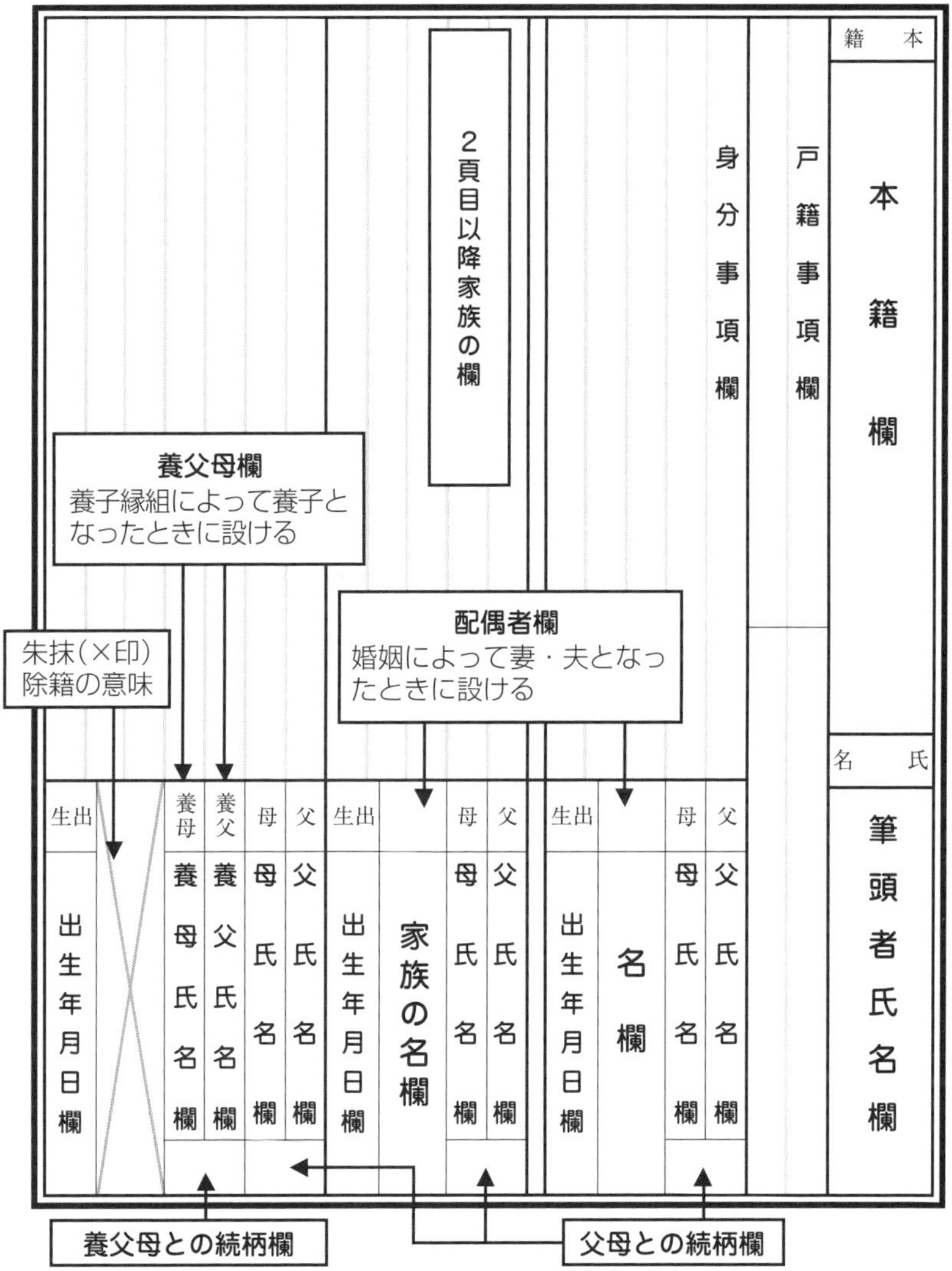
本籍
本籍欄
氏名
筆頭者氏名欄
戸籍事項欄
身分事項欄
2頁目以降家族の欄
養父母欄
養子縁組によって養子となったときに設ける
配偶者欄
婚姻によって妻・夫となったときに設ける
朱抹（×印）除籍の意味
父 父氏名欄
母 母氏名欄
名欄
出生 出生年月日欄
家族の名欄
養父 養父氏名欄
養母 養母氏名欄
養父母との続柄欄
父母との続柄欄

改製により作られた現行戸籍の例

改製原戸籍 ❸

平成六年法務省令第五一号附則第二条第一項による改製につき平成九年拾月拾壱日消除㊞ ❷

本籍	東京都港区~~芝西久保巴町~~虎ノ門三丁目壱番地
氏名	日本太郎

昭和参拾弐年法務省令第二十七号により昭和参拾参年四月五日改製につき昭和参拾六年六月拾五日本戸籍編製㊞ ❶

法令花子と婚姻届出大正八年九月拾日受附㊞

昭和参拾七年四月五日妻花子死亡㊞

昭和参拾八年弐月五日午前八時弐拾分本籍で死亡同居の親族日本一郎届出同月六日受附除籍㊞ ❹

父	亡日本一
母	セツ
	長男
夫	~~太郎~~

大正八年九月拾日日本太郎と婚姻届出東京市京橋区新富町一丁目壱番地法令太一戸籍より同日入籍㊞

出生	明治弐拾弐年壱月拾五日
父	亡法令遵守
母	サチ
	長女

※　実際の戸籍には、第一葉目の表面には筆頭者１人が記載され、裏面には２人、第二葉目以下は表裏とも２人が記載されます。

昭和参拾七年四月五日午前八時参分本籍で死亡同居の親族日本一郎届出同月六日受附除籍㊞ ❺

妻	生出
花子	明治弐拾壱年拾壱月六日

大正九年拾月参拾日本籍で出生父日本太郎届出大正九年拾壱月参日受附入籍㊞

乙野今日子と婚姻夫の氏を称する旨届出昭和四拾年参月六日受附東京都港区虎ノ門三丁目壱番地に新戸籍編製につき除籍㊞ ❻

父	母		生出
日本太郎	花子	一郎	大正九年拾月参拾日
長男			

大正拾弐年参月参日本籍で出生父日本太郎届出同月五日受附入籍㊞

父	母		生出
亡日本太郎	花子	二郎	大正拾弐年参月参日
二男			

見方

この戸籍にはいつからいつまでのことが書いてあるの？

この戸籍は昭和36年6月15日からの日本太郎家の記載がされた戸籍となります。

「戸籍事項欄」❶より、この戸籍は昭和33年4月5日の一次改製を経て、昭和36年6月15日の二次改製により作られたことがわかります（59ページ参照）。よって、この戸籍は昭和36年6月15日からの日本太郎家の記載がされた戸籍となります。

次に、この戸籍が日本太郎家のいつまでの記載をしたものなのか、です。近年のコンピュータ技術の発達にともない、平成6年12月1日からはコンピュータで記録して作ることが認められるようになりました（ただし、コンピュータ化は市町村の事情に応じて行われており、必ずしもコンピュータ化されているわけではありません）。そして、紙で作られた現行戸籍をコンピュータ化する場合、紙の方の戸籍の欄外に「平成6年法務省令第51号附則第2条第1項による改製につき平成○年○月○日消除」❷「改製原戸籍」❸と表示します。

したがって、欄外の「平成6年法務省令第51号附則第2条第1項による改製につき平成9年10月11日消除」という記載から、この戸籍は昭和36年6月15日から、平成9年10月11日までの日本太郎家の記載がされた戸籍であることがわかります。ということは逆にいえば、このような記載がなく戸籍の末尾に「この謄本は戸籍の原本と相違ない事を認証する。」という記載があればそれは戸籍を取得した日までの記載がなされた戸籍ということになります。

「太郎」について

「父母および父母との続柄欄」に、父日本一と母セツの長男と記載されているためその旨がわかります。また、太郎の「身分事項欄」の最後の部分❹から、昭和38年2月5日に死亡し、この戸籍を除籍され、名前が朱抹されたことがわかります。

なお、太郎の「配偶者欄（夫）」に朱抹がされていますが、これは太郎の死亡によって「夫」の記載が朱抹されたわけではなく、妻である花子が昭和37年4月5日に死亡したため、花子との婚姻関係が解消されたことによって朱抹されたものですので、花子との婚姻関係がなかったことを意味するわけではありません。

また、前に述べたとおり、筆頭者が死亡してもこの戸籍が除籍されるわけではないため、死亡後も太郎が筆頭者となります。

「花子」について

「父母および父母との続柄欄」より、父法令遵守と母サチの長女であることがわかります。また、「配偶者欄」に「妻」の記載がされているため、太郎の妻であることがわかります。

また、花子の「身分事項欄」❺から、昭和37年4月5日に死亡し、この戸籍から除籍され、氏名が朱抹されたことがわかります。

「一郎」について

「父母および父母との続柄欄」より、父日本太郎と母花子の長男であることがわかります。また、「身分事項欄」❻に昭和40年3月6日に乙野今日子と婚姻した旨が書かれていることから、一郎は婚姻によって戸籍を除籍され、氏名が朱抹されたことがわかります。

現行戸籍は「1つの夫婦及びそれと氏を同じくする子」から作られるため、日本太郎の戸籍に乙野今日子を妻として入籍させることはできないのです。

「二郎」について

「父母および父母との続柄欄」より、父日本太郎と母花子の二男であることがわかります。

また、「身分事項欄」に出生事項しか記載されていないことから、二郎はこの戸籍が作り替えられる（改製される）平成9年10月11日までこの太郎の戸籍に在籍していたことがわかります。

この戸籍は取れるの？

この戸籍は、平成9年10月11日（❷参照）のコンピュータ化に伴って改製原戸籍とされたもので、その保存期間は改製から100年（平成22年戸籍法施行規則の一部改正前）とされるため、平成20年現在においてももちろん取ることができます。

家系図を作ってみよう！

さて、この戸籍からわかる親族関係を家系図にしてみましょう。

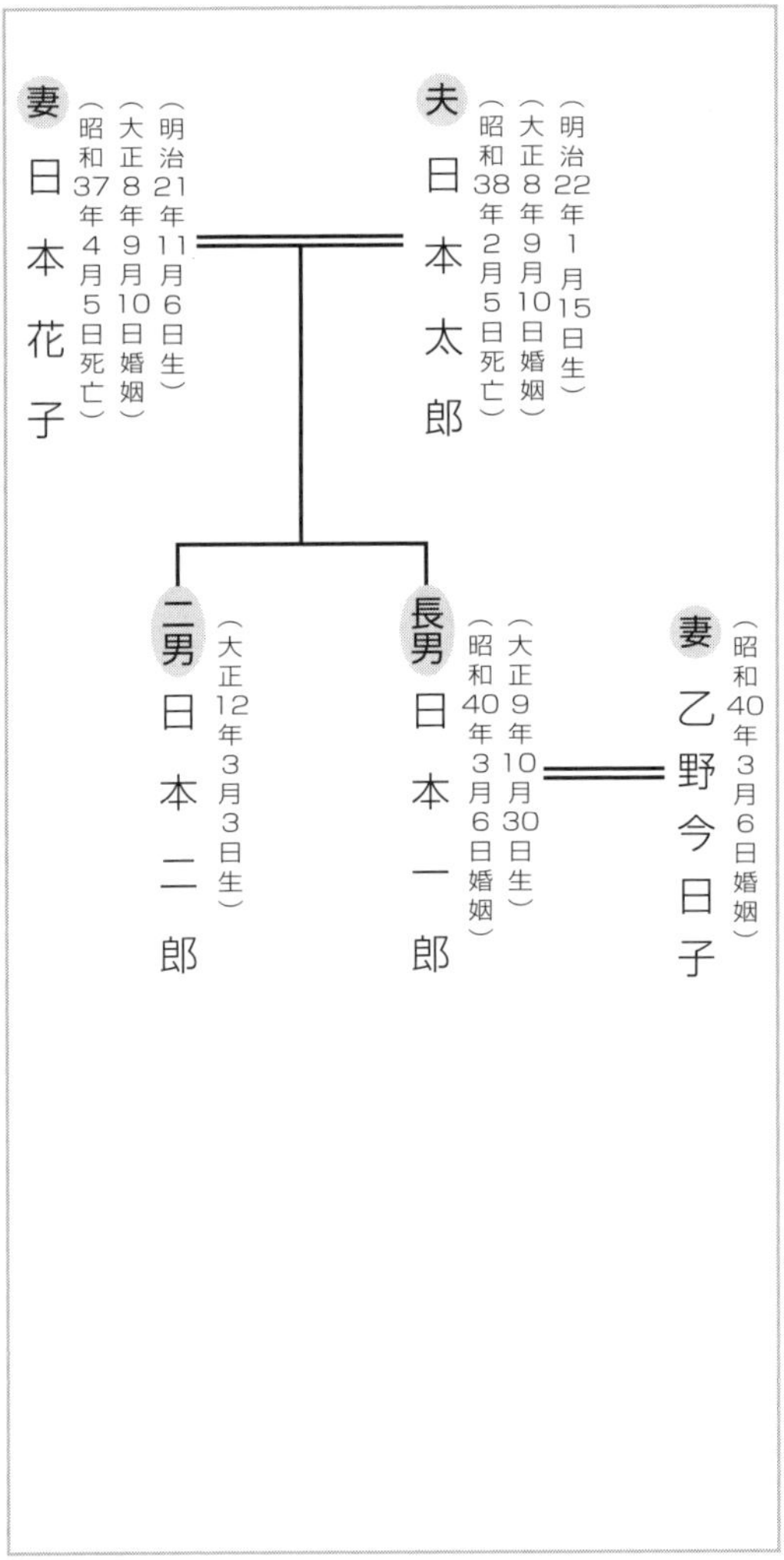

婚姻により作られた現行戸籍の見方

次の戸籍も昭和23年1月1日から作られている現行戸籍です。前の戸籍は改製によって作られたものでしたが、今度は婚姻によって作られた戸籍を紹介します。

婚姻により作られた現行戸籍の例

改製原戸籍

平成六年法務省令第五一号附則第二条第一項による改製につき平成九年拾月拾壱日消除㊞❷

本籍	東京都港区虎ノ門三丁目一番地
氏名	日本一郎

婚姻の届出により昭和四拾年参月六日夫婦につき本戸籍編成㊞❶

大正九年拾月参拾日本籍で出生父日本太郎届出同年拾壱月参日受附入籍㊞

乙野今日子と婚姻届出昭和四拾年参月六日受附東京都港区虎ノ門三丁目壱番地

日本太郎戸籍より入籍㊞

父	亡日本太郎
母	花子
	長男
夫	一郎

昭和拾年壱月八日東京都中央区で出生父乙野孝太郎届出同日入籍㊞

昭和四拾年参月六日日本一郎と婚姻届出東京都中央区銀座七丁目壱番地乙野孝太郎戸籍より同日入籍㊞

父	乙野孝太郎
母	春子
	長女
妻	今日子
生出	昭和拾年壱月八日

昭和四拾弐年拾壱月弐日東京都千代田区で出生父日本一郎届出同月拾日受附入籍㊞

父	日本一郎
母	今日子
	長男
	始
生出	昭和四拾弐年拾壱月弐日

この戸籍にはいつからいつまでのことが書いてあるの？

現行戸籍では１つの戸籍に「１つの夫婦及びそれと氏を同じくする子」しか記載できないため、婚姻した場合、新しい戸籍を作らなければなりません。

このケースだと、「戸籍事項欄」❶から、昭和40年３月６日に日本一郎と乙野今日子が婚姻の届出をしたことによって戸籍が作られたことがわかります。

また、欄外の「平成６年法務省令第51号附則第２条第１項による改製につき平成９年10月11日消除」という記載❷から、平成９年10月11日にコンピュータ化されたため消除されたことがわかり、その日までのことが書いてあることがわかります（前項参照）。

「一郎」について

「父母および父母との続柄欄」より、父日本太郎と母花子の長男であることがわかります。

また、「身分事項欄」から、昭和40年３月６日に乙野今日子と婚姻したことがわかります。

「今日子」について

「父母および父母との続柄欄」より、父乙野孝太郎と母春子の長女であることがわかります。

また、「配偶者欄」に「妻」とあるため、一郎の妻であることがわかります。

「始」について

「父母および父母との続柄欄」により、父日本一郎と母今日子の長男であることがわかります。

この戸籍は取れるの？

この戸籍は、平成9年10月11日のコンピュータ化にともなって改製原戸籍とされたもので、その保存期間は改製から１００年（平成22年戸籍法施行規則の一部改正前）とされるため、平成20年現在においてももちろん取ることができます。

家系図を作ってみよう！

さて、この戸籍からわかる親族関係を家系図にしてみましょう。

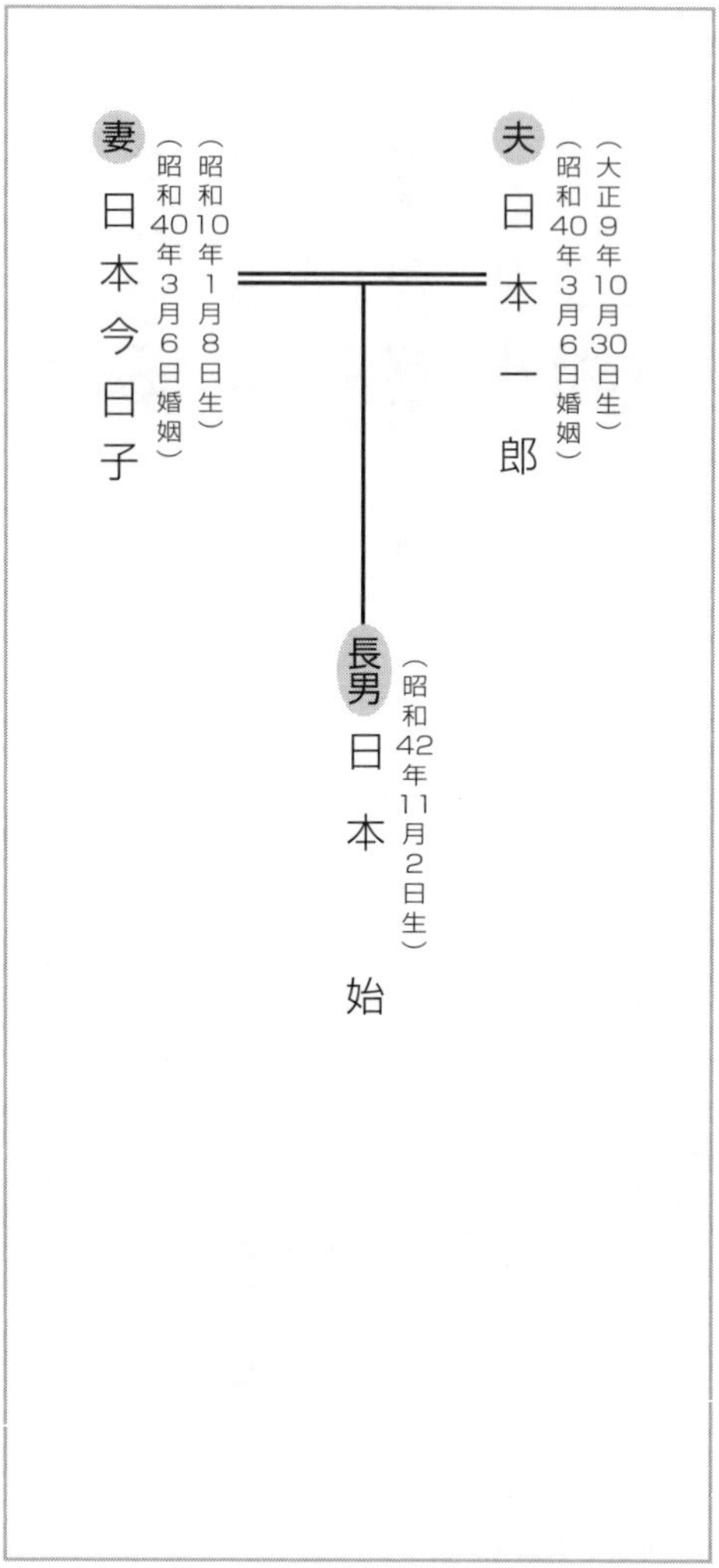

コンピュータ化された現行戸籍の見方

平成6年12月1日から戸籍のコンピュータ化が認められましたが、次に紹介する戸籍は、前項の一郎の戸籍がコンピュータによって作り替えられた（改製された）ものです。

コンピュータ化される前の戸籍と大きく異なる点は、以前の戸籍はB4の大きさでタテ書きだったのに対し、A4の大きさでヨコ書きとなった点です。

コンピュータ化された現行戸籍の例

（2の1）　全部事項証明

本　　籍 氏　　名	東京都港区虎ノ門三丁目1番地 日本　一郎
戸籍事項 　戸籍改製	【改製日】平成9年10月11日 ❶ 【改製事由】平成6年法務省令第51号附則第2条第1項による改製
戸籍に記載されている者	【名】一郎 【生年月日】大正9年10月30日　　【配偶者区分】夫 【父】日本太郎 【母】日本花子 【続柄】長男
身分事項 　出　　生	【出生日】大正9年10月30日 【出生地】東京都港区 【届出日】大正9年11月3日 【届出人】父
婚　　姻	【婚姻日】昭和40年3月6日 【配偶者氏名】乙野今日子 【従前戸籍】東京都港区虎ノ門三丁目1番地　日本太郎
戸籍に記載されている者	【名】今日子 【生年月日】昭和10年1月8日　　【配偶者区分】妻 【父】乙野孝太郎 【母】乙野春子 【続柄】長女

発行番号000001　　以下次頁

（2の2）　全部事項証明

身分事項 出　生	【出生日】昭和10年1月8日 【出生地】東京都中央区 【届出日】昭和10年1月8日 【届出人】父
婚　姻	【婚姻日】昭和40年3月6日 【配偶者氏名】日本一郎 【従前戸籍】東京都中央区銀座七丁目1番地　乙野孝太郎
戸籍に記載されている者	【名】始 【生年月日】昭和42年11月2日 【父】日本一郎 【母】日本今日子 【続柄】長男
身分事項 出　生	【出生日】昭和42年11月2日 【出生地】東京都千代田区 【届出日】昭和42年11月10日 【届出人】父
	以下余白

発行番号 000001
これは、戸籍に記録されている事項の全部を証明した書面である。　平成○年○月○日

見方

この戸籍にはいつからいつまでのことが書いてあるの？

「戸籍事項欄」❶にこの戸籍が改製された旨が書かれています。これによって、平成9年10月11日にこの戸籍が作られたことがわかります。

なお、すでにコンピュータ化された市町村において婚姻等により新しく戸籍を作る場合、直接コンピュータで戸籍が作られ、「戸籍事項欄」には「婚姻」等の戸籍が作られた理由が記載されます。

さて、いつまでのことが書かれているか、ですが、戸籍の末尾に「これは、戸籍に記録されている事項の全部を証明した書面である」旨と発行年月日の記載があることから、取得日現在の戸籍であることと取得日までのことが書かれていることがわかります。

コンピュータ化される際写しかえられない事項がある！

戸籍をコンピュータ化する際に写しかえられる事項は、原則としてその時効力を有する事項のみとされるため、前の戸籍において婚姻、死亡等で除籍された者や、消除された事項、効力を有しない事項は写しかえられません。したがって、そのような事項を調べるためには、コンピュータ化される前の改製原戸籍を取得しなければならないのです。

この日本一郎の戸籍については、コンピュータ化される前の戸籍と後の戸籍に差はありませんが、70ページの日本太郎の戸籍（すなわち、二郎の現在の戸籍）がコンピュータで作り替えられた場合、筆頭者である父日本太郎以外の母花子と兄一郎については写しかえられないことになります。

関係親族の見方について

形式は変わっていますが内容はコンピュータ化される前と変わりませんので、関係親族については、戸籍に記載されている者、「身分事項欄」等から今までのように、一郎は太郎と花子の長男であること、昭和40年3月6日に乙野今日子と婚姻したこと、昭和42年に長男始が誕生したことがわかります。

また、家系図についても前項のものと変わりはありません。

コラム

子供がいなくなっちゃった！

戸籍をコンピュータ化する際、前の戸籍に記載されていても、筆頭者以外で婚姻、死亡等で除籍された者は写しかえられないということは…たとえば自分の子供が不慮の事故で亡くなってしまった後にコンピュータ化されると新しい戸籍には子供の記録が残っていない！ということになります。しかも、戸籍のコンピュータ化は各市町村で行われ私達が知る由はないわけですから、いつのまにか自分の子供の記載がなくなってしまうわけです。

もちろんコンピュータ化される前の戸籍を取得すればその内容を知ることはできるし、戸籍の制度的にやむを得ないことということができるかもしれません。しかし、親の心情を思えば、子供の死というショックのうえに存在をも否定されたかのような戸籍からの消滅、まさにダブルパンチです。「作直し（改製作業）」に関しては、昔からこのような問題があったわけですがコンピュータ化された今でこそ！もう少しうまくできないものでしょうか。

第三章
昔の大所帯戸籍を分析してみよう

前章では、古い戸籍から今の戸籍までの見方をご紹介しましたが、実際に古い戸籍を手に取ると、そこに記載された人の多さにおどろく方もいるでしょう。また、そのような戸籍をみているだけでめまいがしてしまう方もいるかもしれません。そこで、本章ではそれに慣れていただくため、多数の人が記載された昔の戸籍をじっくりとみていくことにしましょう。

なお、本章では登場人物が多いため、登場人物のタイムチャートを用意しましたので参考にしてください。（当初在籍者のうち、見方に影響しない出生事項は省略しています。）

また、本章に出てくる登場人物で第二章登場人物と同じ名前の者もいますが関連はありませんのでご了承ください。

登場人物タイムチャート

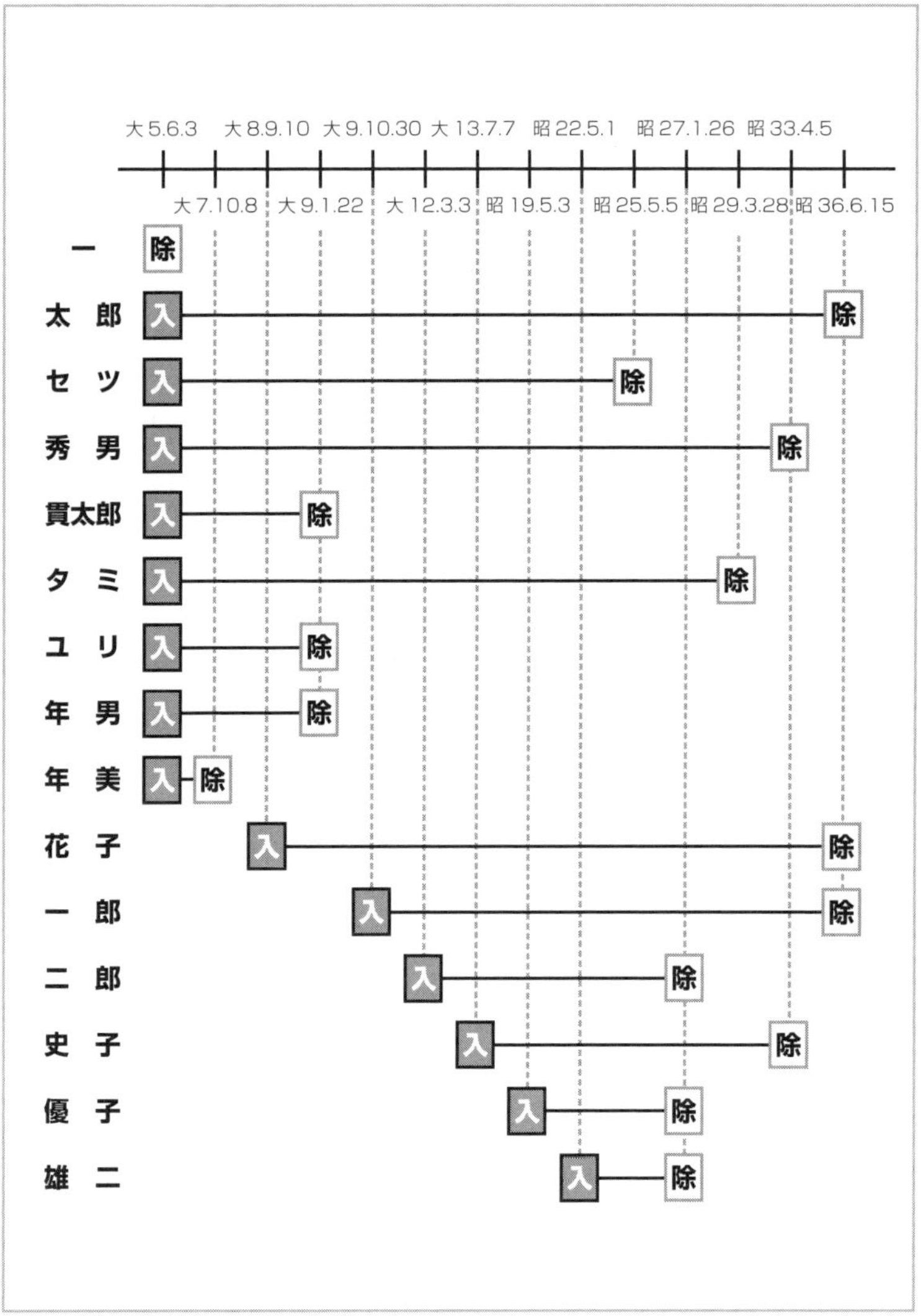
大5.6.3
大7.10.8
大8.9.10
大9.1.22
大9.10.30
大12.3.3
大13.7.7
昭19.5.3
昭22.5.1
昭25.5.5
昭27.1.26
昭29.3.28
昭33.4.5
昭36.6.15
一
太郎
セツ
秀男
貫太郎
タミ
ユリ
年男
年美
花子
一郎
二郎
史子
優子
雄二
入
除

たくさんの親族がいる古い戸籍

次のケースは、前出の大正4年式戸籍とは異なり、登場人物も多く、書かれていることもさまざまで複雑です。しかし、戸籍を調べていくとこういうケースに遭遇することがあります。こういうときは、パズルを解くように一人ずつ整理していきましょう。家系図を作りながら解きほぐしていけばおもしろさが出てくるでしょう。以下各人をみていきます。タイムチャートも参照してください。

複数親族がいる大正４年式戸籍の例

改製原戸籍

本籍	東京市芝区西久保巴町壱番地（東京市芝区を抹消、都港区芝と訂正）
前戸主	日本一

大正五年六月参日前戸主一死亡ニ因リ家督相続届出同年七月壱日受附㊞ ❶

法令花子ト婚姻届出大正八年九月拾日受附㊞

昭和参拾弐年法務省令第二十七号により昭和参拾参年四月五日本戸籍改製㊞

昭和参拾弐年法務省令第二十七号により昭和参拾六年六月拾五日あらたに戸籍を編製したため本戸籍消除㊞ ❷

戸		
前戸主ノ続柄	亡日本一	長男
父	亡日本一	
母	セツ	長男

主	出生 明治弐拾弐年壱月拾五日	日本太郎

【婚姻前の本籍地（記載省略）】佐藤玄太妹明治弐拾年四月弐拾日
日本一ト婚姻届出同日入籍㊞
大正五年六月参日夫一死亡ニ因リ婚姻解消㊞
昭和弐拾五年五月五日午後五時五拾五分本籍で死亡同居の親族日本
太郎届出同月九日受附除籍㊞ ❸

母	父	亡佐藤一郎
	母	亡ハル
		二女
	出生	慶応参年弐月拾四日
		セツ

田中史子ト婚姻届出大正拾参年七月七日受附㊞ ❹
改製により新戸籍編製につき昭和参拾参年四月五日除籍㊞ ❺

弟	父	亡日本一
	母	セツ
		二男
	出生	明治弐拾四年五月七日
		秀男

伊東ユリト婚姻届出明治弐拾参年七月九日受附㊞

父	亡日本亀吉

東京市芝区西久保巴町拾五番地ニ分家届出大正九年壱月弐拾弐日受
附除籍㊞ ❻

叔父

父	
母	亡　トキ
二男	
名	貫太郎
出生	慶応弐年参月九日

昭和弐拾九年参月弐拾八日午前四時弐拾参分本籍で死亡同居の親族
日本太郎届出同月参拾壱日受附除籍㊞ ❼

叔母

父	亡日本亀吉
母	亡　トキ
二女	
名	タミ
出生	明治八年九月参日

【婚姻前の本籍地（記載省略）】戸主伊東譲二長女明治弐拾参年七
月九日日本貫太郎ト婚姻届出同日入籍㊞
大正九年壱月弐拾弐日夫貫太郎分家ニ付キ共ニ除籍㊞ ❾

叔父妻

父	伊東譲二
母	城子
長女	
家族ト続柄ノ	叔父　貫太郎　妻 ❽
名	ユリ
出生	明治弐年拾月拾日

大正九年壱月弐拾弐日父貫太郎分家ニ付キ共ニ除籍㊞❿

従弟

父　日本貫太郎

母　ユリ

長男

出生　明治弐拾五年弐月弐拾壱日

年男

【夫の本籍地（記載省略）】盛岡春夫ト婚姻届出大正七年拾月八日

【夫の本籍地の区長○○】受附同月九日送付除籍㊞⓫

従妹

父　日本貫太郎

母　ユリ

長女

出生　明治弐拾八年四月壱日

年美

東京市京橋区新富町一丁目壱番地戸主法令太一姉大正八年九月拾日

日本太郎ト婚姻届出同日入籍㊞⓬

妻

父　亡法令遵守

母　サチ

長女

出生　明治弐拾壱年拾壱月六日

花子

本籍ニ於テ出生父日本太郎届出大正九年拾壱月参日受附入籍㊞ ⓮

長男	
父	日本太郎
母	花子
	長男
一郎（×）	
出生	大正九年拾月参拾日 ⓭

本籍ニ於テ出生父日本太郎届出大正拾弐年参月五日受附入籍㊞
酒田優子ト婚姻届出昭和拾九年五月参日受附㊞ ⓯
子の出生届出昭和弐拾七年壱月弐拾六日受附東京都港区芝西久保巴町
壱番地に新戸籍編製につき除籍㊞ ⓲

二男	
父	日本太郎
母	花子
	二男
二郎（×）	
出生	大正拾弐年参月参日

【婚姻前の本籍地（記載省略）】戸主田中勝三女大正拾参年七月七
日日本秀男ト婚姻届出同日入籍㊞
昭和参拾参年四月五日夫秀男とともに除籍㊞ ⓴

弟妻	
父	田中勝
母	昌子
	三女
家族トノ続柄	弟秀男妻 ⓳
史子（×）	
出生	明治参拾壱年六月拾七日

【婚姻前の本籍地（記載省略）】戸主酒田康夫五女昭和拾九年五月参日日本二郎ト婚姻届出同日入籍㊞⑯

昭和弐拾七年壱月弐拾六日夫二郎とともに除籍㊞㉒

婦	
父	酒田康夫
母	靖子
	五女
家族トノ続柄	二男二郎妻㉑
名	~~優子~~
出生	大正拾弐年七月九日

本籍ニ於テ出生父日本二郎届出昭和弐拾弐年五月四日受附入籍㊞⑰

昭和弐拾七年壱月弐拾六日父二郎母優子に随い除籍㊞㉓

孫	
父	日本二郎
母	優子
	長男
名	~~雄二~~
出生	昭和弐拾弐年五月壱日

見方

登場人物

まず、戸籍が作られた時（大正5年7月1日❶）に在籍していた者は
・戸主　日本太郎
・母　セツ
・弟　秀男
・叔父　貫太郎
・叔母　タミ
・叔父の妻　ユリ
・従弟　年男
・従妹　年美　です。そして
・妻　花子　が婚姻により入籍。そして、太郎と花子の間に
・長男　一郎
・二男　二郎　が出生。その後、太郎の弟秀男が田中勝の三女である
・史子（弟の妻）と婚姻して「史子」が入籍。さらに、太郎の二男二郎と酒田康男の五女
・優子（二男の妻）　が婚姻して「優子」が入籍し、その間に
・雄二（二男の子）　が生まれました。

「太郎」について

それでは各人をみていきましょう。

太郎は、「父母および父母との続柄欄」より、日本一とセツの子であることがわかります。

太郎の在籍期間は、この戸籍が作られた大正5年7月1日❶から、この戸籍が改製された昭和36年6月15日までとなります❷。（⬇太郎のその後の戸籍は106ページから）

「セツ」について

「戸主との続柄欄」から、セツは戸主太郎の母であることがわかり、また、「父母および父母との続柄欄」より、佐藤一郎とハルの二女であることもわかります。

なお、セツの氏名が朱抹されていますが、「事項欄」❸から、昭和25年5月5日に死亡したため除籍され、朱抹されたことがわかります。

セツがこの戸籍に在籍した期間は、この戸籍が作られた大正5年7月1日から、昭和25年5月5日までであることがわかります。

「秀男」について

「戸主との続柄欄」にて「弟」と書かれていることから、秀男は太郎の弟であることがわかります。また、「父母および父母との続柄欄」から秀男の父と母がわかり、ここからも太郎とは兄弟関係であることがわかります。

また、「事項欄」❹から、大正13年7月7日に田中史子と婚姻したことがわかります。なお、大正4年式戸籍の時代でしたから、婚姻によって新しい戸籍は作られなかったわけです。

ところで、秀男の「事項欄」❺に書いてある「改製により新戸籍編製につき昭和33年4月5日除籍」とはどういう意味なのでしょうか。

「改製により新戸籍編製につき昭和33年4月5日除籍」とは?

前にご説明したとおり、昭和23年1月1日からは戸籍は核家族ごとに作られるようになりましたが、すぐにすべて書き替えることはむずかしかったため、それから10年はもとの戸籍のままでも新しい戸籍とみなされました。そして、10年後の昭和33年、一次改製がなされました（59ページ参照）。秀男は太郎の弟であり、いわゆる太郎の「核家族」ではありませんから、その作業でこの戸籍から除籍され名前が朱抹されたのです。

以上のことから、秀男はこの戸籍が作られた大正5年7月1日から昭和33年4月5日までこの戸籍に在籍したことがわかります。（➡秀男のその後の戸籍は109ページから）

「貫太郎」について

「戸主との続柄欄」に「叔父」と書いてあるため、貫太郎は太郎の叔父であることがわかります。また、「父母および父母との続柄欄」から、日本亀吉とトキの二男であることがわかります。

また「事項欄」❻に「大正9年1月22日、東京市芝区西久保巴町15番地に分家」と書いてあることから、貫太郎はこの分家によりこの戸籍から除籍されたことがわかります。

したがって、貫太郎がこの戸籍にいたのは、戸籍が作られた大正5年7月1日から、除籍された大正9年1月22日までとなります。（⬇貫太郎のその後の戸籍は111ページから）

「タミ」について

「戸主との続柄欄」から太郎の叔母であることがわかります。また、「父母および父母との続柄欄」から、タミの父母が日本亀吉とトキであることがわかります。

また「事項欄」❼に「昭和29年3月28日死亡」と書いてあるため、これによりこの戸籍から除籍されたことがわかります。

ちなみに、戸籍が核家族に限定された昭和23年1月1日以降、タミがこの戸籍になぜいられたかということについては、前出の秀男と同じ理由です。

したがって、タミの在籍期間は、戸籍が作られた大正5年7月1日から死亡した昭和29年3月28日までですね。

「ユリ」について

「戸主との続柄欄」に「叔父妻」と書いてあるため、ユリは太郎の叔父の妻であることがわかります。ただ、この記載だけでは、太郎のどの叔父の妻なのかはわかりません。そのため、「家族との続柄欄」❽が作られ、「叔父貫太郎妻」と書かれました。したがって、太郎との関係は、ユリからみれば夫の甥、太郎からみれば叔父の妻となります。また、ユリの「父母欄」から、父母は伊東譲二と城子であることがわかります。

また、「事項欄」❾に「大正9年1月22日夫貫太郎分家につき共に除籍」と書いてあることから、ユリは貫太郎の分家にともなって除籍されたことがわかります。除籍後の身分関係は貫太郎の戸籍に記載されることになります。

したがってユリの在籍期間は、戸籍が作られた時から大正9年1月22日までです。

「年男」について

「戸主との続柄欄」から太郎の従弟であることがわかります。また、「父母および父母との続柄欄」から、日本貫太郎、ユリの長男であることがわかり、太郎とは従弟関係であることがわかります。

また「事項欄」❿から、大正9年1月22日に父貫太郎の分家とともに除籍されたことがわかります。除籍後の年男の身分関係は貫太郎の戸籍に記されます。

したがって、年男の在籍期間は戸籍が作られた時から大正9年1月22日までです。

「年美」について

「戸主との続柄欄」から、太郎の従妹であることがわかります。また、「父母および父母との続柄欄」から、日本貫太郎、ユリの長女であることがわかり、太郎とは従妹関係であることがわかります。

なお、「事項欄」⓫から、大正7年10月8日に、盛岡春夫との婚姻により除籍されたことがわかります。除籍後の身分関係は盛岡春夫の戸籍（大正4年戸籍）に記載されることになります。

したがって、年美の在籍期間は、戸籍が作られた時から大正7年10月8日までです。

「花子」について

「戸主との続柄欄」から太郎の妻であることがわかります。また、「事項欄」⓬から、太郎との結婚により入籍したことがわかります。なお花子の父母については、「父母欄」から、法令遵守とサチ（太郎の義理の父母）であることがわかります。

ちなみに、花子の従前の戸籍は花子の弟、法令太一の戸籍であることが「事項欄」⓬からわかりますが、これは、父である遵守に死亡等の事情が生じ、太一が家督相続し、その戸籍に花子も在籍しており、その後太郎との結婚でその戸籍から除籍されたことを表しています。

花子の在籍期間についてですが、太郎の「事項欄」❷に「昭和32年法務省令第27

号により昭和36年6月15日あらたに戸籍を編製したため本戸籍消除」と書いてあります。戸籍が新たに作り替えられたということです。よって、花子の在籍期間は、婚姻し入籍した大正8年9月10日から、作り替えられた昭和36年6月15日までとなります。（⬇花子のその後の戸籍は106ページから）

「一郎」について

「戸主との続柄欄」から太郎の長男であることがわかります。また「事項欄」⓮および「出生事項欄」⓭から、大正9年10月30日に出生し、11月3日に入籍したことがわかります。また、父母については「父母欄」から、父は太郎であることが、そして母は花子であることがわかります。

在籍期間については、特に「事項欄」に特別な記載もないため、出生から昭和36年の戸籍の作替えまでとなります。（⬇一郎のその後の戸籍は106ページから）

「二郎」について

「戸主との続柄欄」から太郎の二男であることがわかります。また「出生事項欄」から大正12年3月3日に出生したことがわかります。

在籍期間については、少し複雑です。二郎も一郎と同じく太郎と花子の子なわけですが、途中で酒田優子と結婚し⓯昭和19年に妻の酒田優子も入籍しています⓰。そして昭和22年に子、雄二が生まれ、雄二も入籍しています⓱。このことだけならば、いわゆる昭和23年の戸籍の核家族化後もしばらくは古い戸籍も新しい戸籍とみなされたため、問題はありませんでした。しかし昭和23年の新法施行以後にさらに子供が生まれたときには、新しい戸籍の編製基準により新たに戸籍を編製しなければなりませんでした。そのため、本戸籍「事項欄」に「子の出生届～新戸籍編製につき除籍」と記し新たに戸籍を編製したのです。（二男浩二の出生については114ページの戸籍で明らかとなりますが、二郎の「事項欄」⑱からも伺い知ることができます。）したがって在籍期間は、出生から、浩二の出生届を出した昭和27年1月26日までとなります。（⬇二郎のその後の戸籍は114ページから）

「史子」について

「戸主との続柄欄」から、弟の妻であることがわかります。しかし、この記載だけでは太郎に弟が複数いた場合にどの弟の妻かわかりませんので、「家族との続柄欄」⑲が作られ「弟秀男の妻」と書かれました。なお、「父母および父母との続柄欄」から田中勝と昌子の三女であることがわかります。

在籍期間についてですが、「事項欄」⑳に「昭和33年4月5日夫秀男とともに除籍」とあります。前出の「秀男」の除籍とともに、妻も除籍されたわけです。よって、在籍期間は、婚姻によって入籍した大正13年7月7日から、夫とともに新戸籍に移った昭和33年4月5日までとなります。（⬇史子のその後の戸籍は109ページから）

「優子」について

「戸主との続柄欄」に「婦」と書いてありますが、これだけではよくわからないため、

「家族との続柄欄」㉑に「二男二郎妻」と書かれました。また、「父母欄」から父母は酒田康夫と靖子であることがわかります。太郎とは、舅、二男の嫁という関係です。

在籍期間についてですが、「事項欄」㉒に「昭和27年1月26日夫二郎とともに除籍」と書いてあります。「二郎」の項でご説明したように、二男浩二の誕生により、二郎、優子、雄二もこの戸籍にいられなくなり新しい戸籍を作ったためです。したがって在籍期間は、婚姻により入籍した昭和19年5月3日から、昭和27年1月26日までとなります。（⬇優子のその後の戸籍は114ページから）

「雄二」について

「戸主との続柄欄」から太郎の孫であることがわかります。また、「父母および父母との続柄欄」から二郎、優子の長男であり、太郎とは祖父、二男の子（孫）という関係であることがわかります。

在籍期間については、「事項欄」㉓に「昭和27年1月26日父二郎母優子に随い除籍」と書かれています。これも前にご説明したとおりですね。（⬇雄二のその後の戸籍は114ページから）

「浩二」について

前にご説明したとおり、二郎、優子の二男である浩二はこの戸籍に入ることはできず、直接新しい戸籍に入籍しました。（⬇浩二の戸籍は114ページから）

家系図を作ってみよう！

以上とても長くなりましたが、この情報をもとに家系図を作ってみましょう！

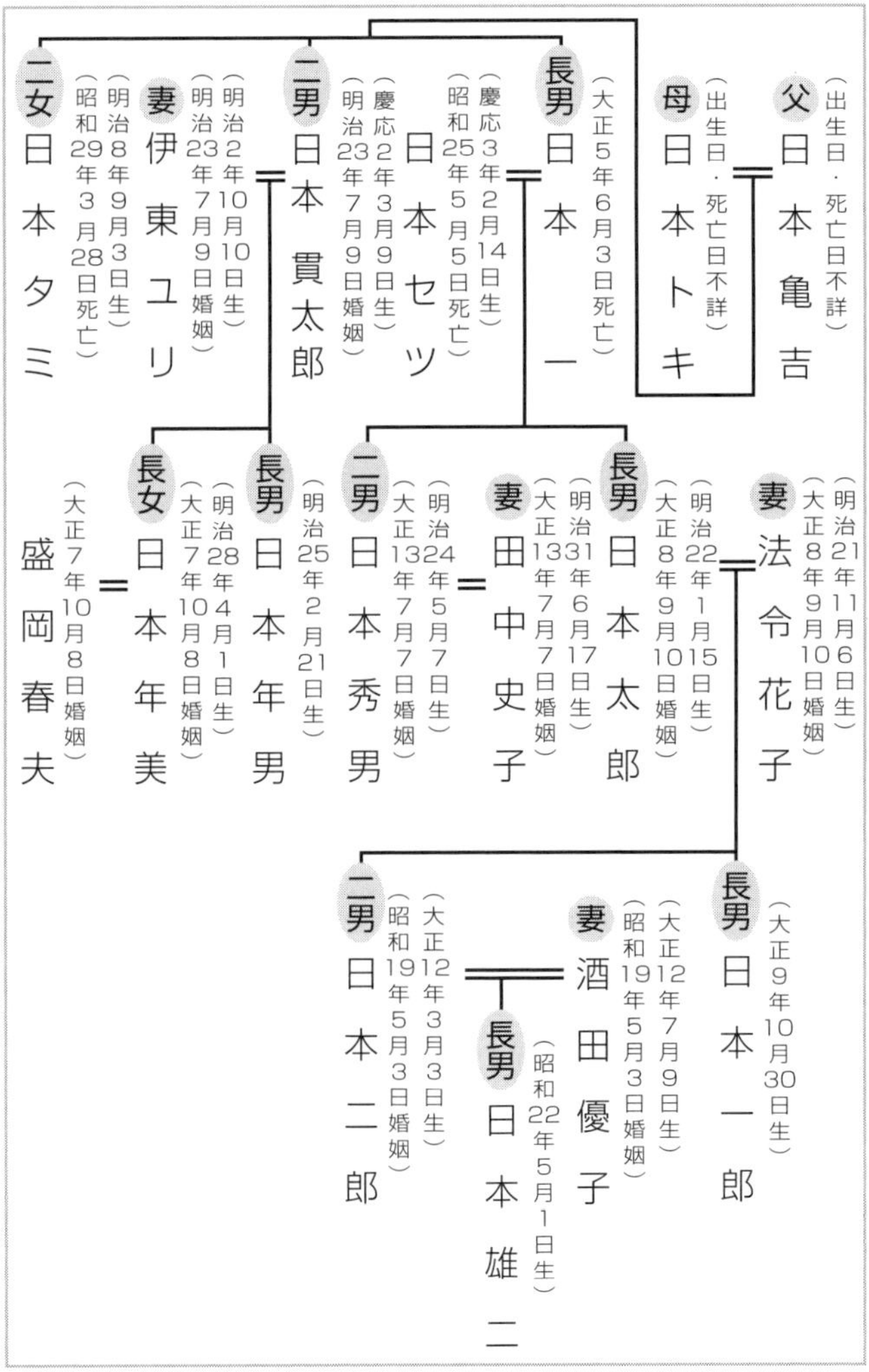

（出生日・死亡日不詳）
父 日本亀吉
（出生日・死亡日不詳）
母 日本トキ
（大正5年6月3日死亡）
長男 日本一
（慶応3年2月14日生）
（昭和25年5月5日死亡）
日本セツ
（慶応2年3月9日生）
（明治23年7月9日婚姻）
二男 日本貫太郎
（明治2年10月10日生）
（明治23年7月9日婚姻）
妻 伊東ユリ
（明治8年9月3日生）
（昭和29年3月28日死亡）
二女 日本タミ
（明治21年11月6日生）
（大正8年9月10日婚姻）
妻 法令花子
（明治22年1月15日生）
（大正8年9月10日婚姻）
長男 日本太郎
（明治31年6月17日生）
（大正13年7月7日婚姻）
妻 田中史子
（明治24年5月7日生）
（大正13年7月7日婚姻）
二男 日本秀男
（明治25年2月21日生）
長男 日本年男
（明治28年4月1日生）
（大正7年10月8日婚姻）
長女 日本年美
（大正7年10月8日婚姻）
盛岡春夫
（大正9年10月30日生）
長男 日本一郎
（大正12年7月9日生）
（昭和19年5月3日婚姻）
妻 酒田優子
（昭和22年5月1日生）
長男 日本雄二
（大正12年3月3日生）
（昭和19年5月3日婚姻）
二男 日本二郎

日本太郎のその後の戸籍

戸籍は、形式の変更により作り替えられたり、家督相続や家を分けたとき（分家）に新しく作られたりしてきたわけですが、ここでは前にご紹介した「日本太郎」家に人々の「作り替えられた後の戸籍」「分かれた後の戸籍」をみてみることにしましょう。

まずは改製により新基準で作り替えられた日本太郎の戸籍です。

改製によって作られた戸籍例

除籍

本籍　東京都港区~~芝西久保巴町~~虎ノ門三丁目壱番地

昭和参拾弐年法務省令第二十七号により昭和参拾参年四月五日改製につき昭和参拾六年六月拾五日本戸籍編製㊞ ❶

法令花子と婚姻届出大正八年九月拾日受附㊞

昭和参拾七年四月五日妻花子死亡㊞

昭和参拾八年弐月五日午前八時弐拾分本籍で死亡同居の親族日本一郎届出同月六日受附除籍㊞ ❸

氏名　日本太郎

父　亡日本一
母　亡セツ
長男

大正八年九月拾日日本太郎と婚姻届出東京市京橋区新富町一丁目壱番地法令太一戸籍より同日入籍㊞

昭和参拾七年四月五日午前八時参分本籍で死亡同居の親族日本太郎届出同月六日受附除籍㊞ ❷

父	亡法令遵守
母	サチ
女長	
妻	花子
生出	明治弐拾壱年拾壱月六日

大正九年拾月参拾日本籍で出生父日本太郎届出大正九年拾壱月参日受附入籍㊞

乙野今日子と婚姻夫の氏を称する旨届出昭和四拾年参月六日受附東京都港区虎ノ門三丁目壱番地に新戸籍編製につき除籍㊞ ❹

父	日本太郎
母	花子
男長	
	一郎
生出	大正九年拾月参拾日

夫	太郎
生出	明治弐拾弐年壱月拾五日

大正4年式戸籍は「1つの夫婦及びこれと氏を同じくする子」で戸籍を編製するという基準の現行戸籍に作り替えられました。その旨は「戸籍事項欄」に書かれます。このケースでは「昭和32年法務省令第27号により昭和33年4月5日改製につき昭和36年6月15日本戸籍編製」❶がそれにあたります。

ちなみに、この戸籍の筆頭者の太郎は前の戸籍の戸主であったためこのような記載ですが、筆頭者が前の戸籍の戸主と異なる場合は「昭和32年法務省令第27号により改製昭和33年4月5日同所同番地日本太郎戸籍から本戸籍編製」となります（後出「秀男」参照）。

なお、この戸籍の例にはその後の日本太郎家の変遷も記載しました。簡単に説明します。

・花子は昭和37年4月5日に死亡したため❷氏名に朱抹がされ、太郎の配偶者欄の「夫」も朱抹されました。
・太郎は昭和38年2月5日に死亡したため❸氏名に朱抹されました。
・一郎は乙野今日子と婚姻し昭和40年3月6日に届け出たため❹除籍されました。
・したがって在籍者全員が除籍され、戸籍例の右上にその旨（除籍）が記載されました。

したがってこの戸籍には、昭和36年6月15日から昭和40年3月6日までの日本太郎家の事柄が書かれているわけです。

日本秀男のその後の戸籍

改製によって作られた新法戸籍の例

改製原戸籍

平成六年法務省令第五一号附則第二条第一項による改製につき平成九年拾月拾壱日消除㊞ ❶

本籍	氏名
東京都港区~~芝西久保巴町~~虎ノ門三丁目壱番地	日本秀男

昭和参拾弐年法務省令第二十七号により改製昭和参拾参年四月五日同所同番地日本太郎戸籍から本戸籍編製㊞ ❷

（婚姻事項省略）

父	母	夫	出生
七日本一	セツ	秀男	明治弐拾四年五月七日
男二			

（婚姻事項省略）

父　田中勝
母　昌子
三女
妻　史子
生出　明治参拾壱年六月拾七日

98ページでお話したように、秀男は改製により兄・太郎の戸籍から除籍され、新しい形の新戸籍を作りました。「事項欄」❷にその旨が書かれます。

また、子があれば当然本戸籍に書かれますが、この戸籍にはその記載はないことから子がいなかったことがわかります。

また、欄外の「平成6年法務省令～」の記載❶によって、平成9年10月11日にコンピュータ化され作り替えられたことがわかります。

したがって、この戸籍には昭和33年4月5日から平成9年10月11日までの日本秀男家の事柄が書かれているわけです。

日本貫太郎のその後の戸籍

分家により作られた大正４年式戸籍例

除籍

本籍	東京市芝区西久保巴町拾五番地

東京市芝区西久保巴町壱番地戸主日本太郎叔父分家届出大正九年壱月弐拾弐日受附㊞❶

昭和九年八月拾参日午後六時本籍ニ於テ死亡同居者日本年男届出同月弐拾九日受附㊞❷

昭和九年九月弐日日本年男ノ家督相続届出アリタルニ因リ本戸籍ヲ抹消ス㊞❸

前戸主	前戸主トノ続柄	父	母	戸主	出生
		亡日本亀吉	亡トキ	日本貫太郎	慶応弐年参月九日
		二男			

妻

【婚姻前の本籍地（記載省略）】戸主伊藤譲二長女明治弐拾参年七月九日日本貫太郎ト婚姻届出同日入籍㊞

大正九年壱月弐拾弐日夫貫太郎分家ニ付キ共ニ入籍㊞

大正九年拾月八日午前弐時本籍ニ於テ死亡戸主日本貫太郎届出同日受附㊞

父	母		出生
伊藤譲二	城子	ユリ	明治弐年拾月拾日
長女			

長男

大正九年壱月弐拾弐日父貫太郎分家ニ付キ共ニ入籍㊞

松本妙子ト婚姻届出大正拾四年参月拾弐日受附㊞

父	母		出生
日本貫太郎	ユリ	年男	明治弐拾五年弐月弐拾壱日
長男			

婦

【婚姻前の本籍地（記載省略）】戸主松本保二女大正拾四年参月拾弐日日本年男ト婚姻届出同日入籍㊞

父	母	家族トノ続柄		出生
松本保	舟	長男年男妻	妙子	明治参拾参年壱月四日
二女				

新法施行前に分家した例です。貫太郎（太郎の叔父）は太郎の戸籍から分家しました❶。まだ大正4年式戸籍ですから、この戸籍には妻ユリ、長男年男のほか、長男の妻妙子も入籍しています。しかし、その後貫太郎が死亡し❷、家督相続のために年男を戸主として新しい戸籍を作ったためその昭和9年9月2日に戸籍は除籍されました❸。

したがって、この戸籍には大正9年1月22日から昭和9年9月2日までの日本貫太郎家の事柄が書かれています。

ちなみに、分家とはある家の家族が新たに1つの家を作る行為のことで、当時は戸主の許可が必要とされていました。この例でいうと日本太郎です。しかも、その分家をする際、分家をする者の妻は当然一緒に移籍することとされていましたが、夫婦の子が移籍するには分家することとは別に戸主の同意が必要でした。

したがって、この事例では日本太郎の戸籍もあわせてみることによって貫太郎の子供全員が移籍したことがわかりますが、分家後の戸籍だけでは貫太郎の子がほかにいるかどうかはわからないわけです。

日本二郎のその後の戸籍

子の出生により新戸籍に書き替えられた戸籍例

改製原戸籍

平成六年法務省令第五一号附則第二条第一項による改製につき平成九年拾月拾壱日消除㊞

本籍	東京都港区~~芝西久保巴町壱番地~~ 虎ノ門三丁目
氏名	日本二郎

出生の届出により昭和弐拾七年壱月弐拾六日父母につき本戸籍編製㊞ ❶

大正拾弐年参月参日本籍で出生父日本太郎届出同月五日受附入籍㊞

昭和拾九年五月参日酒田優子と婚姻届出同日受附㊞

昭和弐拾七年壱月弐拾六日東京都港区芝西久保巴町壱番地日本太郎戸籍より入籍㊞

父	日本太郎
母	花子
	二男
夫	二郎
出生	大正拾弐年参月参日

（出生事項記載省略）
（婚姻事項記載省略）
昭和弐拾七年壱月弐拾六日夫とともに入籍㊞

父	酒田康夫
母	靖子
続柄	五女
妻	優子
出生	大正拾弐年七月九日

（出生事項記載・省略）
昭和弐拾七年壱月弐拾六日父母に随い入籍㊞

父	日本二郎
母	優子
続柄	長男
	雄二
出生	昭和弐拾弐年五月壱日

昭和弐拾七年壱月弐拾壱日本籍で出生父日本二郎届出同月弐拾六日受附入籍㊞

父	日本二郎
母	優子
続柄	二男
	浩二
出生	昭和弐拾七年壱月弐拾壱日

昭和弐拾八年拾弐月弐拾八日本籍で出生父日本二郎届出同月受附入籍㊞ ❷

父	日本二郎
母	優子
長女	淳子
出生	昭和弐拾八年拾弐月弐拾八日

日本二郎のこの戸籍は、新法施行後に子浩二が生まれたため、新基準で作られました（103ページ参照）。その旨は「事項欄」❶に書かれます。

その後さらに長女淳子が産まれ、戸籍に加わりました❷。

また、欄外の「平成6年法務省令～」の記載によって、平成9年10月11日にコンピュータ化され作り替えられたことがわかります（72ページ参照）。

したがって、この戸籍には昭和27年1月26日から平成9年10月11日までの日本二郎家の事柄が書かれています。

コラム

こんなに読みづらい！

これは筆者の祖父の戸籍です。当然のことながら、当時の戸籍はコンピュータ管理されていたわけではなく、手書きと印判によって作られていたわけですが、中には達筆な方がいるうえ、それがコンピュータ化に伴いA４判に縮小されて保存されているため（自治体によっては、B４判で保存されているところもあります）、解読にかなりの時間を要することがあります。

ちなみに、この戸籍に書いてあることは右からこのような感じです。

① ○○と婚姻届出明治44年6月9日受付

② 京橋区新富町○○番地より転籍届出昭和3年2月20日受付入籍

③ 芝区西久保○○番地に転籍届出昭和4年9月24日受付

④ 昭和22年3月15日行政区画並びに土地の名称変更に付き本籍欄を「港区芝西久保○○」と更正

⑤ 昭和30年1月20日午後4時30分品川区西中延1丁目○○番地で死亡同居の親族○○届出同月21日品川区長受付同年2月1日送付除籍

⑥ 昭和32年法務省令第27号により昭和33年4月10日本戸籍改製

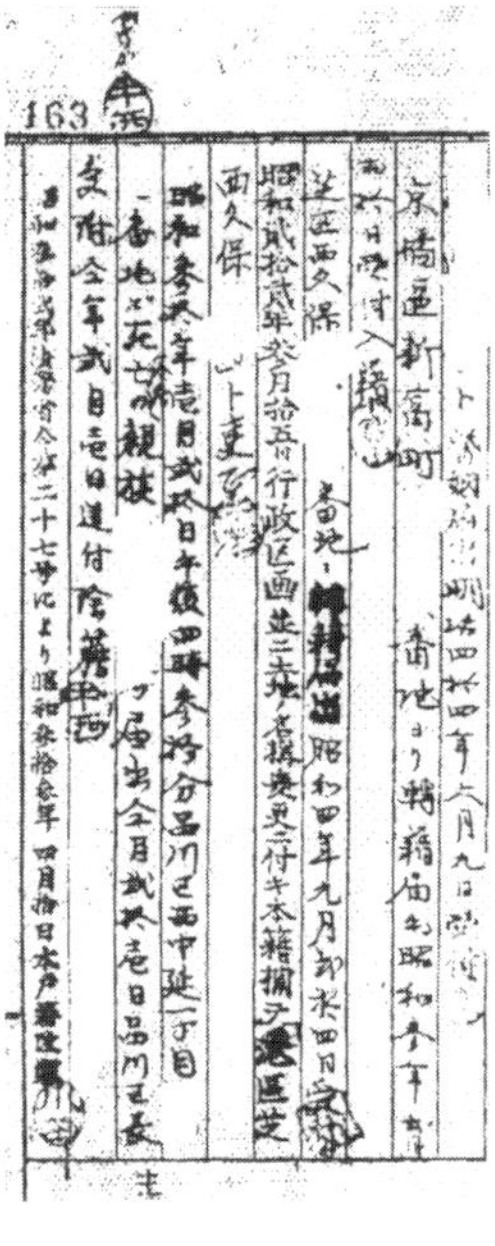

第四章　転籍

古い戸籍時代の転籍

それでは「転籍」について、みてみましょう。

1 たくさんの転籍記載がある戸籍

転籍歴の複数ある戸籍例

除籍

本籍　東京市浅草区北三筋町四拾五番地

（婚姻事項記載省略）
東京市芝区西久保巴町壱番地戸主日本太郎叔父分家届出大正九年壱月弐拾弐日受附㊞
東京市芝区西久保巴町拾五番地ヨリ転籍届出大正九年壱月参拾壱日受附入籍㊞
大正九年拾月八日妻ユリ死亡ニ因リ婚姻解消㊞
東京市神田区堅大工町参番地ヨリ転籍届出大正九年拾壱月弐拾参日受附入籍㊞ ❸
昭和九年八月拾八日午後六時本籍ニ於テ死亡同居者日本年男届出同

前戸主

前戸主ト続柄

父　亡日本亀吉
母　亡　トキ
二男

戸

月弐拾九日受附㊞❷

昭和九年九月弐日日本年男ノ家督相続届出アリタルニ因リ本戸籍ヲ抹消ス㊞❶

主

出生　慶応弐年参月九日

日本貫太郎

大正九年壱月弐拾弐日父貫太郎分家ニ付キ共ニ入籍㊞

松本妙子ト婚姻届出大正拾四年参月拾弐日受附㊞

長男

父　日本貫太郎

母　ユリ

長男

年男

出生　明治弐拾五年弐月弐拾壱日

【婚姻前の本籍地（記載省略）】戸主松本保二女大正拾四年参月拾弐日日本年男ト婚姻届出同日入籍㊞

婦

父　松本保

母　舟

二女

家族トノ続柄　長男年男妻

妙子

出生　明治参拾参年壱月四日

この戸籍にはいつからいつまでのことが書いてあるの？

大正９年11月23日から昭和９年９月２日までです。

それを知るためにはこの戸籍は後ろのほうからみていく必要があります。

それではみてみましょう。

死亡→家督相続によりこの戸籍は除籍された

貫太郎の「事項欄」の最後の一文❶によってこのことがわかります。前にもお話しましたが、旧法当時は家督相続の届出が新しい戸籍を作る原因となりました。この届出が昭和９年９月２日だったわけです。ちなみにこれは「家督相続の届出」の日であり、戸主が死亡した日ではありません。貫太郎の「事項欄」❷にあるように、貫太郎自身は昭和９年８月18日に死亡し名前が朱抹されています。

ところで、当時古い戸籍を除籍し、新しい戸籍を作る（古いものが除籍される）原因となったことには以下のようなものもあります。

・戸主の隠居
・戸主の国籍喪失
・婚姻取消しまたは縁組みの取消しによる去家
・女戸主のための入夫婚姻により入夫が戸主となったとき、または、入夫戸主の離婚

そして、右の原因は「事項欄」に記載されました。また「戸主の死亡」以外の原因の場合、戸主名は朱抹されませんでした。

転籍によって作られた戸籍

「事項欄」❸より、東京市神田区堅大工町3番地から東京市浅草区北三筋町45番地（この戸籍の本籍地）に、大正9年11月23日に転籍したことがわかります。そして、別の市町村への転籍も戸籍が新しく作られる原因の一つでしたから、この転籍のためにこの戸籍が作られたことがわかります。

つまり、それ以前の出来事に「妻ユリの死亡」や、「東京市芝区西久保巴町15番より転籍、東京市芝区西久保巴町1番地戸主日本太郎叔父分家届出」という記載がありますが、これらは「妻ユリの死亡」以外すべて新戸籍編製原因になるものですが、この戸籍からすれば単に前の戸籍から書き写された情報ということになります。

ただ、転籍前の戸籍ですでに除籍されていた者は書き写されませんでした。したがって、大正9年11月23日前の日本貫太郎家の親族を知るためには、神田区と芝区の戸籍も手に入れなければならないのです。

ところで、昔の戸籍には転籍地すべてが記載されているので、最終転籍地の戸籍をみれば、ほかにどこの役場に戸籍を請求すればいいのか一目でわかるというメリットがあります。しかし、これにはこれでその戸籍がいつからの記載であるのかを戸主の「事項欄」の後ろから探さなければならず、しっかりとした見方を知らなければすべての転籍地を知ることができないという「見方の難しさ」というデメリットもあるのです。

❷ 転籍前の戸籍をたどる～その一

神田区の戸籍を手に入れてみましょう。

転籍前の戸籍例

除籍

本籍　東京市神田区堅大工町参番地

（婚姻事項記載省略）

東京市芝区西久保巴町壱番地戸主日本太郎叔父分家届出大正九年壱月弐拾弐日受附㊞

東京市芝区西久保巴町拾五番地ヨリ転籍届出大正九年壱月参拾壱日受附入籍㊞ ❸

大正九年拾月八日妻ユリ死亡ニ因リ婚姻解消㊞

東京市浅草区北三筋町四拾五番地ニ転籍届出大正九年拾壱月弐拾参日浅草区長受附同月弐拾六日送付全戸除籍㊞ ❶

前戸主

前戸主ト続柄	父	母	戸主
	亡日本亀吉	亡トキ	日本貫太郎
	二男		

出生 慶応弐年参月九日

（婚姻事項記載省略）
大正九年壱月弐拾弐日夫貫太郎分家ニ付キ共ニ入籍㊞
大正九年拾月八日午前弐時本籍ニ於テ死亡戸主日本貫太郎届出同日受附㊞ ❷

妻
父 伊東譲二
母 城子
長女
ユリ
出生 明治弐年拾月拾日

大正九年壱月弐拾弐日父貫太郎分家ニ付キ共ニ入籍㊞

長男
父 日本貫太郎
母 ユリ
長男
年男
出生 明治弐拾五年弐月弐拾壱日

この戸籍にはいつからいつまでのことが書いてあるの？

大正９年１月31日から大正９年11月23日までのことです。
それではこの戸籍も後ろからみていくこととしましょう。

転籍によりこの戸籍は除籍された

「事項欄」❶に、大正９年11月23日に神田区から前出の浅草区に転籍したためこの戸籍が除籍された旨が書いてあります。

妻「ユリ」が死亡したという記載は…

ユリの「事項欄」❷に、ユリが大正９年10月８日に死亡した旨が書かれており、氏名が朱抹されています。しかし、前にお話したように、次の転籍先の戸籍にはこの情報は写しかえられないのです（前出、浅草区の戸籍参照）。ただこのケースでは、貫太郎の「事項欄」にもその旨が書かれておりますので、まったくわからなくなるわけではありません。

転籍によって作られた戸籍

芝区から神田区に大正９年１月31日に転籍した旨が書かれています❸。転籍は新しい戸籍が作られる原因でしたから、この戸籍は大正９年１月31日からのものであることがわかります。

3 転籍前の戸籍をたどる～その二

芝区の戸籍も手に入れてみます。

転籍前の戸籍例

除籍

本籍	
東京市芝区西久保巴町拾五番地	

（婚姻事項記載省略）

東京市芝区西久保巴町壱番地戸主日本太郎叔父分家届出大正九年壱月弐拾弐日受附㊞ ❷

東京市神田区堅大工町参番地ニ転籍届出大正九年壱月参拾壱日神田区長受附同年弐月参日送付全戸除籍㊞ ❶

前戸主	前戸主ト続柄	父	母	戸主	出生
		亡日本亀吉	亡トキ	日本貫太郎	慶応弐年参月九日
		二男			

（婚姻事項記載省略）
大正九年壱月弐拾弐日夫貫太郎分家ニ付キ共ニ入籍㊞

父	伊東譲二
母	城子
	長女
妻	ユリ
出生	明治弐年拾月拾日

大正九年壱月弐拾弐日父貫太郎分家ニ付キ共ニ入籍㊞

父	日本貫太郎
母	ユリ
	長男
長男	年男
出生	明治弐拾五年弐月弐拾壱日

この戸籍にはいつからいつまでのことが書いてあるの？

大正9年1月22日から大正9年1月31日までのことです。

それではこの戸籍も後ろからみてみます。

転籍によりこの戸籍は除籍された

「事項欄」❶に、芝区から前出の神田区に転籍したため、大正9年1月31日にこの戸籍が除籍された旨が書かれています。

分家によって作られた戸籍

「事項欄」❷に「…日本太郎叔父分家届出…」と書いてあります。分家は戸籍編製原因だったわけですから、この戸籍は、戸主日本太郎の戸籍から大正9年1月22日に分家することによって作られた戸籍であることがわかります。

4 同じ市町村内での転籍

同一市町村内で転籍をした戸籍例

除籍

本籍	
東京市浅草区北三筋町~~四拾五番地~~ 七拾弐番地 ❷	

(婚姻事項記載省略)

東京市芝区西久保巴町壱番地戸主日本太郎叔父分家届出大正九年壱月弐拾弐日受附㊞

東京市芝区西久保巴町拾五番地ヨリ転籍届出大正九年壱月参拾壱日受附入籍㊞

大正九年拾月八日妻ユリ死亡ニ因リ婚姻解消㊞

東京市神田区堅大工町参番地ヨリ転籍届出大正九年拾壱月弐拾参日受附入籍㊞

東京市浅草区北三筋町七拾弐番地ニ転籍届出昭和弐年弐月弐日受附㊞ ❶

昭和九年八月拾八日午後六時本籍ニ於テ死亡同居者日本年男届出同月弐拾九日受附㊞

昭和九年九月弐日日本年男ノ家督相続届出アリタルニ因リ本戸籍ヲ抹消ス㊞

前戸主	前戸主トノ続柄	父	母	戸主	出生
		亡 日本亀吉	亡 トキ	~~日本貫太郎~~	慶応弐年参月九日
		二男			

芝区→神田区→浅草区と今までは別の市町村への転籍を繰り返してきた貫太郎でしたが、さて今度は浅草区内で転籍した例をみてみましょう。

「浅草区北三筋町45番地」から「浅草区北三筋町72番地」に転籍した旨が書かれています❶。同じ市町村内で転籍した場合は、このように「事項欄」にその旨が書かれ、本籍地に修正が入れられるだけでした❷。

今の戸籍での転籍

現行法上では、ほかの市町村へ転籍した場合、転籍後の「戸籍事項欄」には原則として最後の転籍事項のみを書き写し、その前の転籍事項については書き写さない取扱いとなっています。そして、当初戸籍が作られた原因も書き写されないため、「戸籍事項欄」をみれば、古い戸籍と違い、その戸籍がいつからいつまでの戸籍であるかが一目でわかります。しかしそれは、何度も区（市）外へ転籍した場合、その都度前の戸籍をたどらなければすべての転籍地を知ることができないということでもあります。

なお、転籍前の戸籍で除籍された者は転籍後の戸籍には移し替えられないため、親族関係の調査では従前の戸籍も取得しなければならないという点においては、今も昔も変わりがないこととなります。

それではここで、現行法において転籍した場合の戸籍をご紹介しましょう。例は戸籍の筆頭者である香川悟が東京都足立区から東京都台東区へ転籍し、その後台東区で死亡し、さらに東京都渋谷区に転籍した場合です。

当初の戸籍

除籍

本籍	東京都足立区西新井二丁目六番地
氏名	香川　悟

婚姻の届出により昭和参拾五年六月七日夫婦につき本戸籍編製㊞

昭和四拾七年参月弐拾八日東京都台東区上野一丁目壱番地に転籍届出同月五日同区長から送付消除㊞

（出生事項省略）

（婚姻事項省略）

父	母	続柄	夫	出生
香川　誠	由加里	長男	悟	昭和拾年拾月拾日

転籍1回目の戸籍

除籍

本籍　東京都台東区上野一丁目壱番地

氏名　香川悟

昭和四拾七年参月弐拾八日東京都足立区西新井二丁目六番地から転籍届出㊞

昭和五拾五年五月五日渋谷区広尾三丁目弐番地に転籍届出

同月九日同区長から送付消除㊞

（出生事項省略）

（婚姻事項省略）

昭和四拾八年八月弐拾七日午後六時五拾分江東区で死亡同月弐拾九日親族香川和美届出除籍㊞

父　香川誠

母　由加里

長男

夫　悟

出生　昭和拾年拾月拾日

転籍2回目の戸籍（最終の戸籍）

本籍	東京都渋谷区広尾三丁目弐番地
氏名	香川悟

昭和五拾五年五月五日台東区上野一丁目壱番地から転籍届出㊞

父	母	続柄	夫	出生
香川誠	由加里	長男	悟	昭和拾年拾月拾日

香川悟を筆頭者とする最終の戸籍は渋谷区の戸籍となりますが、戸籍の「事項欄」には台東区から転籍した旨の記載があるだけで、足立区から台東区に転籍したことや婚姻によって香川悟の戸籍が作られたことはこの戸籍からだけではわかりません。

しかも、悟の氏名が朱抹されていますが「事項欄」には何も記載されていないので、なぜ朱抹されているのかを知るには従前の戸籍である台東区の戸籍を取得しなければなりません。

そこで、香川悟の従前の戸籍（台東区の戸籍）をみると、悟の「事項欄」に昭和48年8月27日に死亡した旨の記載があり、これによって悟は除籍されていることがわかります。旧法では、戸主が死亡するとほかの在籍者が家督相続して亡くなった戸主の戸籍は除籍されますが、現行法では、戸籍の筆頭者が死亡してもその亡くなった人は戸籍の筆頭者のままであり、新たに戸籍が編製されるわけではありません（もちろん、在籍者が筆頭者のみの場合は除籍されます）。

ですから、本ケースのように台東区で筆頭者の香川悟が死亡したとしても、新たな戸籍は作られないことになります（戸籍例にはありませんが、悟以外にも在籍者がいるものと考えてください）。

なお筆頭者死亡後転籍をした場合、戸籍を検索するための情報として、筆頭者の「氏名欄」「出生事項欄」「父母欄」「父母との続柄欄」のみが転籍後の戸籍に写しかえられますが、死亡した者が筆頭者でない場合これらの記載は写しかえられません。

また、台東区の戸籍は足立区からの転籍によって昭和47年3月28日に作られたものなので、それ以前の香川家の出来事を知るには足立区の戸籍を取得しなければならないこととなります。

第五章
戸籍が生まれる原因、なくなる原因一覧

さて、これまで新しい戸籍が作られる原因（編製原因）、戸籍がなくなる原因（全戸籍の除籍原因）をみてきましたが、ご紹介したもの以外にもさまざまな原因があります。ここで主なものをご紹介しておきましょう。

大正四年式戸籍の新戸籍の編製原因

①　戸籍を改製したとき
②　分家したとき
③　ほかの市町村から転籍したとき
④　戸籍が滅失した場合、また滅失するおそれがある場合に戸籍を再製したとき
⑤　家督相続したとき
⑥　廃家または絶家を再興したとき

④の再製戸籍については、前の戸籍に書かれていたことが除籍者を含めてすべて再現されるため、再製の日からではなく、家督相続等のそのほかの原因が生じた時からの戸籍となります。つまり、前の戸籍と同じ扱いということです。

大正四年式戸籍の全戸籍除籍原因

①　戸籍を改製したとき
②　ほかの市町村へ転籍したとき
③　戸籍が滅失した場合、また滅失するおそれがある場合に戸籍を再製したとき

④　廃家または絶家となったとき
⑤　家督相続したとき

現行戸籍の新戸籍の編製原因

①　戸籍を改製したとき
②　分籍したとき
③　ほかの市町村から転籍したとき
④　婚姻したとき（ただし、夫婦のうち氏を称するほうがすでに戸籍の筆頭者である場合は除く）
⑤　日本人と外国人が婚姻したとき（ただし、日本人のほうがすでに戸籍の筆頭者である場合は除く）
⑥　戸籍が滅失した場合、また滅失するおそれがある場合に戸籍を再製したとき
⑦　筆頭者及びその配偶者以外の者が子、または養子を有するに至ったとき
⑧　婚姻、養子縁組した者が、離婚や離縁等した場合で、その者がもといた戸籍がすでに除籍となっていたとき。また、その者が新戸籍編製の申出をしたとき
⑨　離婚や離縁の際に称していた氏を称する旨の届出があった場合で、その届出をした者がすでに戸籍の筆頭者でないとき
⑩　配偶者がある者が、縁組や離縁により氏をあらためたとき
⑪　外国人と婚姻し氏を変更する届出があった場合で、その者の戸籍にほかの者がいるとき

また、外国人と離婚し氏を変更する届出があった場合で、届出本人と同籍する者が他にいるとき（子をひきとる場合）

⑫ 外国人と日本人の子で、現在日本人の親の戸籍内の子が、外国人の方の親の氏に変更するとき

⑬ 現在戸籍に記載がなく、入る戸籍のない者について戸籍を作るとき（たとえば帰化者）

⑭ 皇族が皇族の身分を離れるとき

現行戸籍の全戸籍除籍原因

① 今後戸籍法が改正されて戸籍が改製されるとき

② ほかの市町村へ転籍したとき

③ 滅失するおそれがある場合に戸籍を再製したとき

④ 死亡や婚姻等の理由により戸籍内の全員がその戸籍から除かれたとき

第六章 養子縁組の戸籍をみてみよう

夫婦が15歳未満の子を養子にした場合

この章では養子縁組が行われた場合の現行法戸籍をみていきます。

さて、石川圭太、真由美夫妻が徳島光男とさくらの子、徳島里美を養子にしました。家系図にしてみると次のとおりです。

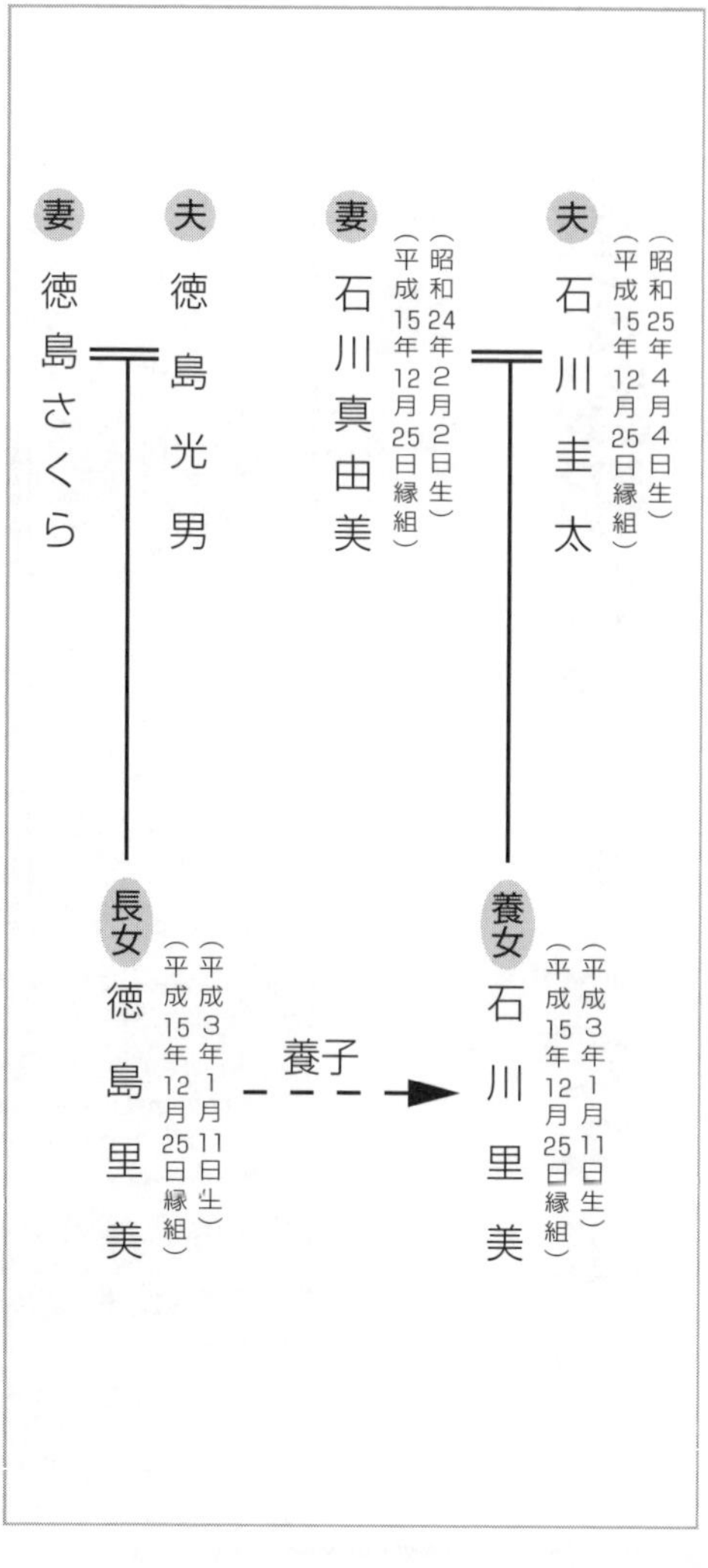

養親の戸籍例

本籍　東京都台東区入谷二丁目参拾五番地

氏名　石川圭太

婚姻の届出により昭和四拾七年六月六日編製㊞

（出生事項省略）
（婚姻事項省略）
平成拾五年拾弐月弐拾五日妻とともに徳島里美を養子とする縁組届出㊞ ❶

父	母	続柄	夫	生出
石川学	早紀	長男	圭太	昭和弐拾五年四月四日

（出生事項省略）
（婚姻事項省略）
平成拾五年拾弐月弐拾五日夫とともに徳島里美を養子とする縁組届出㊞ ❷

父	母	続柄	妻	生出
福井洋平	好美	長女	真由美	昭和弐拾四年弐月弐日

（出生事項省略）
平成拾五年拾弐月弐拾五日石川圭太同人妻真由美の養子となる縁組届出❸（代諸者
親権者父母）❺【従前戸籍（東京都台東区以下記載省略）】徳島光男戸籍から入籍㊞

父	徳島光男	長女
母	さくら	
養父	石川圭太	養女
養母❹	真由美	
	里美	
生出	平成参年壱月拾壱日	

養親の欄にはこのように書かれます

石川圭太の「身分事項欄」❶には、妻とともに養子をとった旨、真由美の「身分事項欄」❷には、夫とともに養子をとった旨が書かれます。

今の法律では、夫妻が未成年者を養子にする場合、原則として夫婦共同で養子縁組をしなければならず、どちらか一方のみということはできません。そのため、夫婦どちらもが共同して養子縁組をした、という形です。

養子の欄にはこのように書かれます

里美の「身分事項欄」❸には「石川圭太同人妻真由美の養子となる縁組届出」と書かれています。圭太、真由美の養子となり、この戸籍に入籍したということです。

そして民法の「養子は養親の氏を称する」という規定により、徳島里美は石川姓を称することとなります。

また、夫婦の戸籍に入籍した里美の欄には「養父母欄」❹が設けられ、そこに石川夫婦の名が書かれます。

なお、民法では15歳未満の子が養子となる場合、法定代理人、つまり親が承諾しなければならないこととされています。その承諾した旨が里美の「身分事項欄」❺に「(代諾者親権者父母)」という形で表されています。逆をいえば、15歳以上の者は自分で養子縁組ができる、ということです。しかし、15歳以上であっても未成年者を養子とするときは、家庭裁判所の許可が必要となります。

夫婦の一方が成年者を養子にした場合

今度は、石川圭太、真由美夫妻のうち石川圭太のみが、成年者である、熊本源二とあやめの子、熊本裕貴を養子にしたとしましょう。家系図にすると次のような状態です。

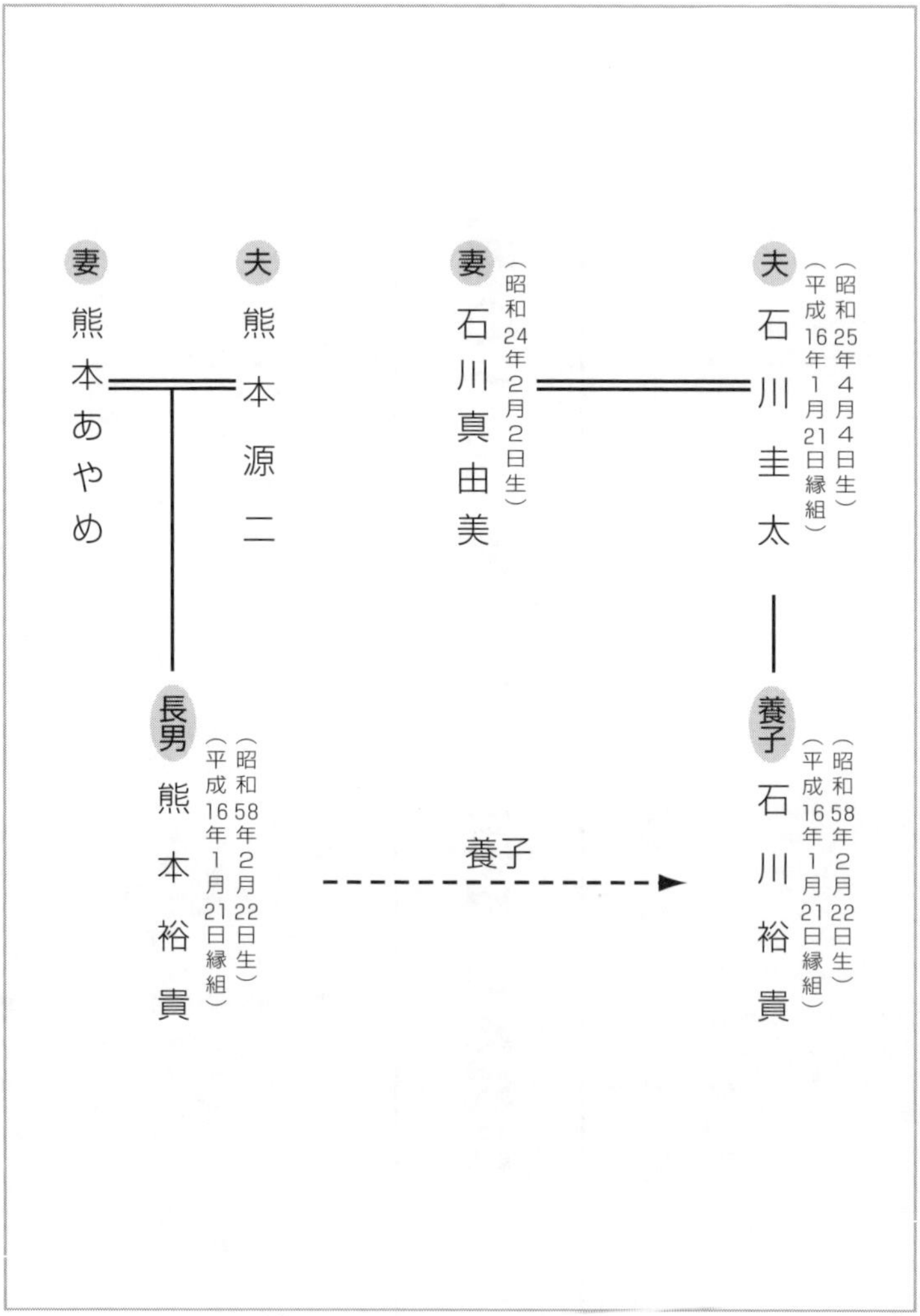
夫 石川圭太
（昭和25年4月4日生）
（平成16年1月21日縁組）
妻 石川真由美
（昭和24年2月2日生）
夫 熊本源二
妻 熊本あやめ
養子 石川裕貴
（昭和58年2月22日生）
（平成16年1月21日縁組）
養子
長男 熊本裕貴
（昭和58年2月22日生）
（平成16年1月21日縁組）

養親の戸籍例

本籍	東京都台東区入谷二丁目参拾五番地
氏名	石川圭太

婚姻の届出により昭和四拾七年六月六日編製㊞

（出生事項省略）

（婚姻事項省略）

平成拾六年壱月弐拾壱日熊本裕貴を養子とする縁組届出㊞ ❶

父	母	続柄	夫	出生
石川学	早紀	長男	圭太	昭和弐拾五年四月四日

（出生事項省略）

（婚姻事項省略）

父	母	続柄	妻	出生
福井洋平	好美	長女	真由美	昭和弐拾四年弐月弐日

（出生事項省略）
平成拾六年壱月弐拾壱日石川圭太の養子となる縁組届出❷【養子縁組前本籍（記載省略）】熊本源二戸籍から入籍㊞

父	熊本源二
母	あやめ
	長男
養父	石川圭太
	養子
	裕貴
出生	昭和五拾八年弐月弐拾弐日

夫婦の一方だけと…？

養親、石川圭太の「身分事項欄」❶に、熊本裕貴を養子とする旨、また裕貴の「身分事項欄」❷に石川圭太の養子となる旨が記されています。しかし石川真由美の欄にはそれに関することは何も書かれていません。このことから、熊本裕貴は石川圭太との間のみで養子縁組をしたことがわかります。

前の徳島里美のケースとは違い、養子が成年者である場合、夫婦どちらか一方との養子縁組は可能です。共同でする必要はないのです。

しかし、この場合でも当然といえば当然ながら、裕貴は石川姓となり、また、戸籍の「核家族」原則にもあてはまり、この戸籍に入籍します。

夫婦の戸籍内の子が成年者を養子にした場合

こんな場合はどうでしょうか。石川圭太、真由美夫婦に実子である圭介がいます。この圭介が、成年者である、埼玉大地と芽子の長男、埼玉隼人を養子としました。家系図に書いてみると次のような感じです。

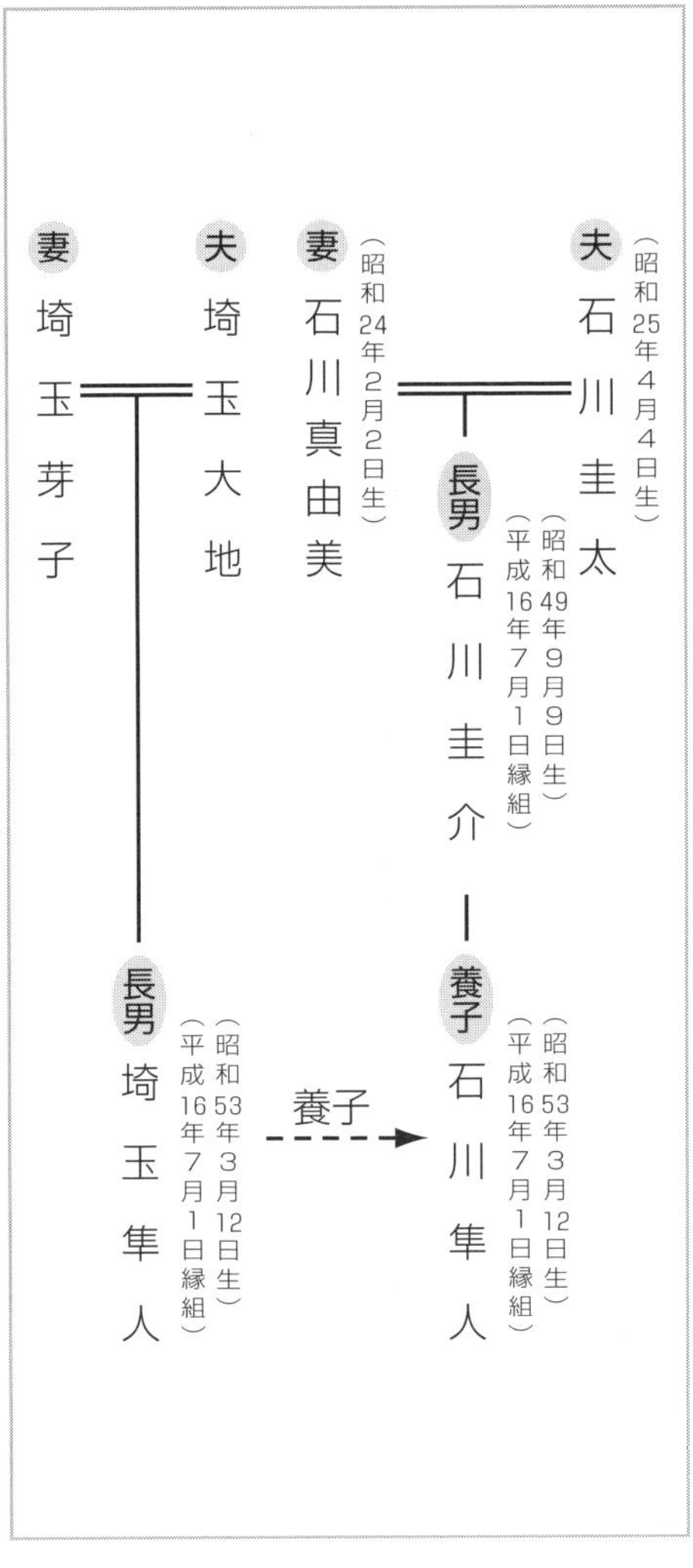

養親の戸籍例

本籍　東京都台東区入谷二丁目参拾五番地

氏名　石川圭介

平成拾六年七月壱日編製㊞ ❸

（出生事項省略）
平成拾六年七月壱日埼玉隼人を養子とする縁組届出❶東京都台東区入谷二丁目参拾五番地石川圭太戸籍から入籍㊞ ❹

父　石川圭太
母　真由美
長男
圭介
出生　昭和四拾九年九月九日

（出生事項省略）
平成拾六年七月壱日石川圭介の養子となる縁組届出【養子縁組前本籍（記載省略）】埼玉大地戸籍から入籍㊞ ❷

父　埼玉大地
母　芽子
長男
養父　石川圭介
養子
隼人
出生　昭和五拾参年参月拾弐日

記載のされ方は

石川圭介の「身分事項欄」❶に埼玉隼人を養子とする旨、隼人の「身分事項欄」❷に圭介を養親とする旨が書かれます。この場合も前の例と同じく、養子が成年ですから、圭介1人で養子を取ることに問題はありません。そして、隼人は石川姓を称します。

新しい戸籍を作っている

「戸籍事項欄」❸に、平成16年7月1日にこの戸籍が作られた旨の記載があります。また、養親である石川圭介の「身分事項欄」❹に「石川圭太戸籍から入籍」と書かれていることから、今までのケースとは違い、石川圭介は養子縁組にあたり新しい戸籍を作っていることがわかります。なぜなら、石川圭太、真由美夫婦の戸籍に埼玉隼人を入籍させると、「核家族」基準に反してしまうからですね。

ちなみに圭介と隼人は年齢で4歳しか離れていませんが、養親となる要件は①成年者であること②養子よりも年上であること③養子が尊属でないこと、です。したがって、養子縁組は可能です。

夫婦が夫婦を養子にした場合

次は、石川圭太、真由美夫婦が、福島充、蛍夫婦を養子としたケースをみてみます。家系図にしてみると次のような状態です。

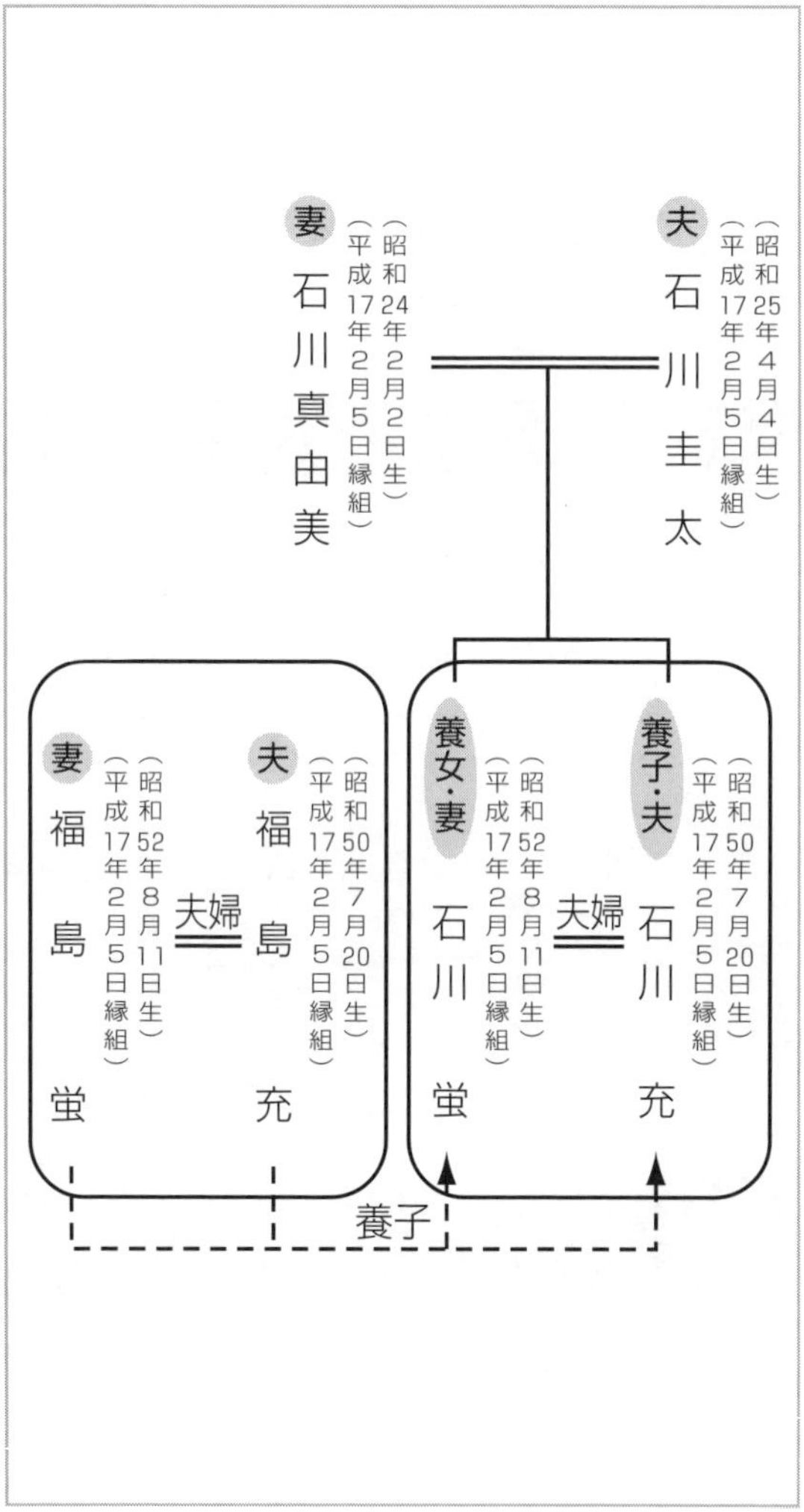

養親の戸籍例

本籍　東京都台東区入谷二丁目参拾五番地

氏名　石川圭太

婚姻の届出により昭和四拾七年六月六日編製㊞

（出生事項省略）

（婚姻事項省略）

平成拾七年弐月五日妻とともに東京都文京区湯島二丁目弐拾六番地（新本籍東京都台東区入谷二丁目参拾五番地）福島充同人妻蛍を養子とする縁組届出㊞ ❶

父　石川学
母　早紀
長男

夫　圭太

出生　昭和弐拾五年四月四日

（出生事項省略）

（婚姻事項省略）

平成拾七年弐月五日夫とともに福島充同人妻蛍を養子とする縁組届出㊞ ❷

父　福井洋平
母　好美
長女

妻　真由美

出生　昭和弐拾四年弐月弐日

養子の戸籍例

本籍	東京都台東区入谷二丁目参拾五番地
氏名	石川　充

平成拾七年弐月五日編製㊞ ❺

（出生事項省略）
（婚姻事項省略）
平成拾七年弐月五日妻とともに東京都台東区入谷二丁目参拾五番地石川圭太同人妻真由美の養子となる縁組届出東京都文京区湯島二丁目弐拾六番地福島充戸籍から入籍㊞ ❸

父	福島克也	長男
母	撫子	
養父	石川圭太	養子
養母	真由美	
夫	充	
出生	昭和五拾年七月弐拾日	

（出生事項省略）
（婚姻事項省略）
平成拾七年弐月五日夫とともに石川圭太同人妻真由美の養子となる縁組届出入籍㊞ ❹

父	島根舟生	長女
母	桃子	
養父	石川圭太	養女
養母	真由美	
妻	蛍	
出生	昭和五拾弐年八月拾壱日	

養親の戸籍は

石川圭太の「身分事項欄」❶に、妻とともに福島充、その妻蛍を養子にする旨が記され、石川真由美の欄❷にも同じように記載されます。しかし、このケースでは、福島充と蛍はこの戸籍には入籍せず新しい戸籍を作ります。

福島夫婦の新しい戸籍

充、蛍夫婦が圭太、真由美の戸籍に入籍せず新しい戸籍を作るのは、もちろん「核家族」規定に反するためです。ただ、養子夫婦各人の「身分事項欄」❸❹には養子縁組の記載がされ、また「養子は養親の氏を称する」規定により石川姓の新戸籍が作られるわけです❺。

養親、養子、互いの「身分事項欄」の記載が互いをつなげています。

夫婦が夫婦の一方を養子にした場合（婚姻によって氏を改めない者の場合）

このケースでは、石川圭太、真由美夫婦が、山口翔、詩織夫婦のうち翔だけと養子縁組をしました。家系図にしてみると次のような状態です。

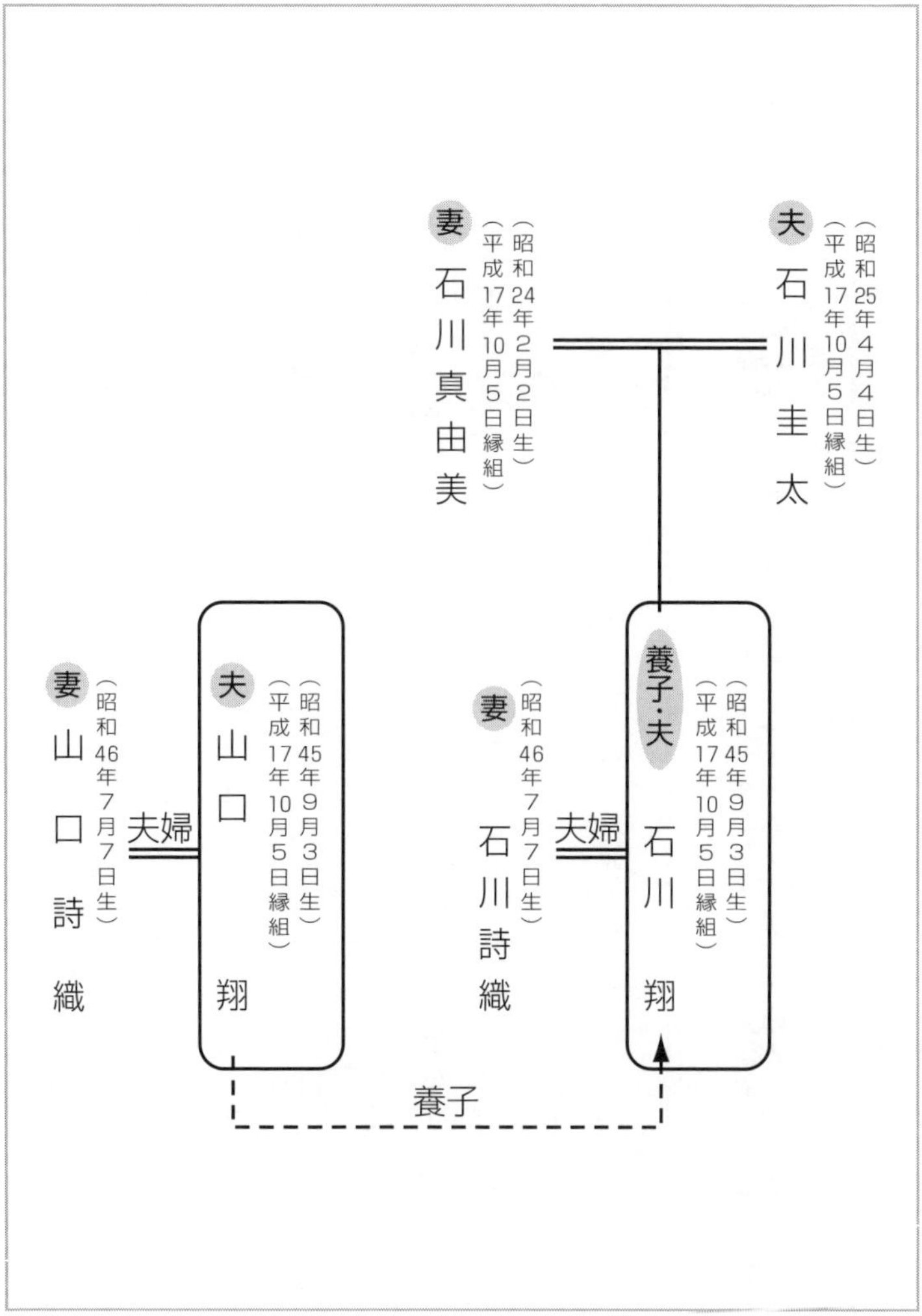
夫
石川圭太
（昭和25年4月4日生）
（平成17年10月5日縁組）
妻
石川真由美
（昭和24年2月2日生）
（平成17年10月5日縁組）
養子・夫
石川翔
（昭和45年9月3日生）
（平成17年10月5日縁組）
夫婦
妻
石川詩織
（昭和46年7月7日生）
夫
山口翔
（昭和45年9月3日生）
（平成17年10月5日縁組）
夫婦
妻
山口詩織
（昭和46年7月7日生）
養子

養親の戸籍例

本籍　東京都台東区入谷二丁目参拾五番地

氏名　石川圭太

婚姻の届出により昭和四拾七年六月六日編製㊞

（出生事項省略）

（婚姻事項省略）

平成拾七年拾月五日妻とともに東京都江東区大島六丁目四拾七番地（新本籍東京都台東区入谷二丁目参拾五番地）山口翔を養子とする縁組届出㊞ ❶

父　石川学
母　早紀
長男

夫　圭太

出生　昭和弐拾五年四月四日

（出生事項省略）

（婚姻事項省略）

平成拾七年拾月五日夫とともに山口翔を養子とする縁組届出㊞ ❷

父　福井洋平
母　好美
長女

妻　真由美

出生　昭和弐拾四年弐月弐日

養子の戸籍例

本籍	東京都台東区入谷二丁目参拾五番地
氏名	石川　翔

平成拾七年拾月五日編製㊞ ❸

（出生事項省略）
（婚姻事項省略）
平成拾七年拾月五日東京都台東区入谷二丁目参拾五番地石川圭太同人妻真由美の養子となる縁組届出東京都江東区大島六丁目四拾七番地山口翔戸籍から入籍㊞ ❹

父	山口高史
母	桔梗
	長男
養父	石川圭太
養母	真由美 ❺
	養子
夫	翔
出生	昭和四拾五年九月参日

（出生事項省略）
（婚姻事項省略）
平成拾七年拾月五日夫とともに入籍㊞ ❻

父	宮崎虎三
母	菊子
	長女
妻	詩織
出生	昭和四拾六年七月七日

養親の戸籍は

石川圭太の「身分事項欄」❶に、妻真由美とともに山口翔と養子縁組をした旨が記され、また、真由美の欄❷にも同じように記されます。そしてこのケースも前のケースと同じく、山口夫婦は石川夫婦の戸籍には入らず新しい戸籍を作ります。

山口夫婦の新しい戸籍

山口夫婦は、前のケースと同じく石川姓の新しい戸籍を作ります❸。今回養子縁組をした翔の「身分事項欄」❹には養子縁組の記載がされ、「養父母欄」❺が設けられます。また、今回養子縁組をしたのは翔だけですが、戸籍法では夫婦が戸籍を分けることは認められていませんから、妻詩織は夫の戸籍に入籍し、石川姓を称することとなります❻。

夫婦が夫婦の一方を養子にした場合（婚姻によって氏を改めた者の場合）

さて最後に、石川圭太、真由美夫婦が佐川和馬、美代夫婦のうち美代のみと養子縁組したケースをみてみましょう。家系図に書くと次のとおりです。

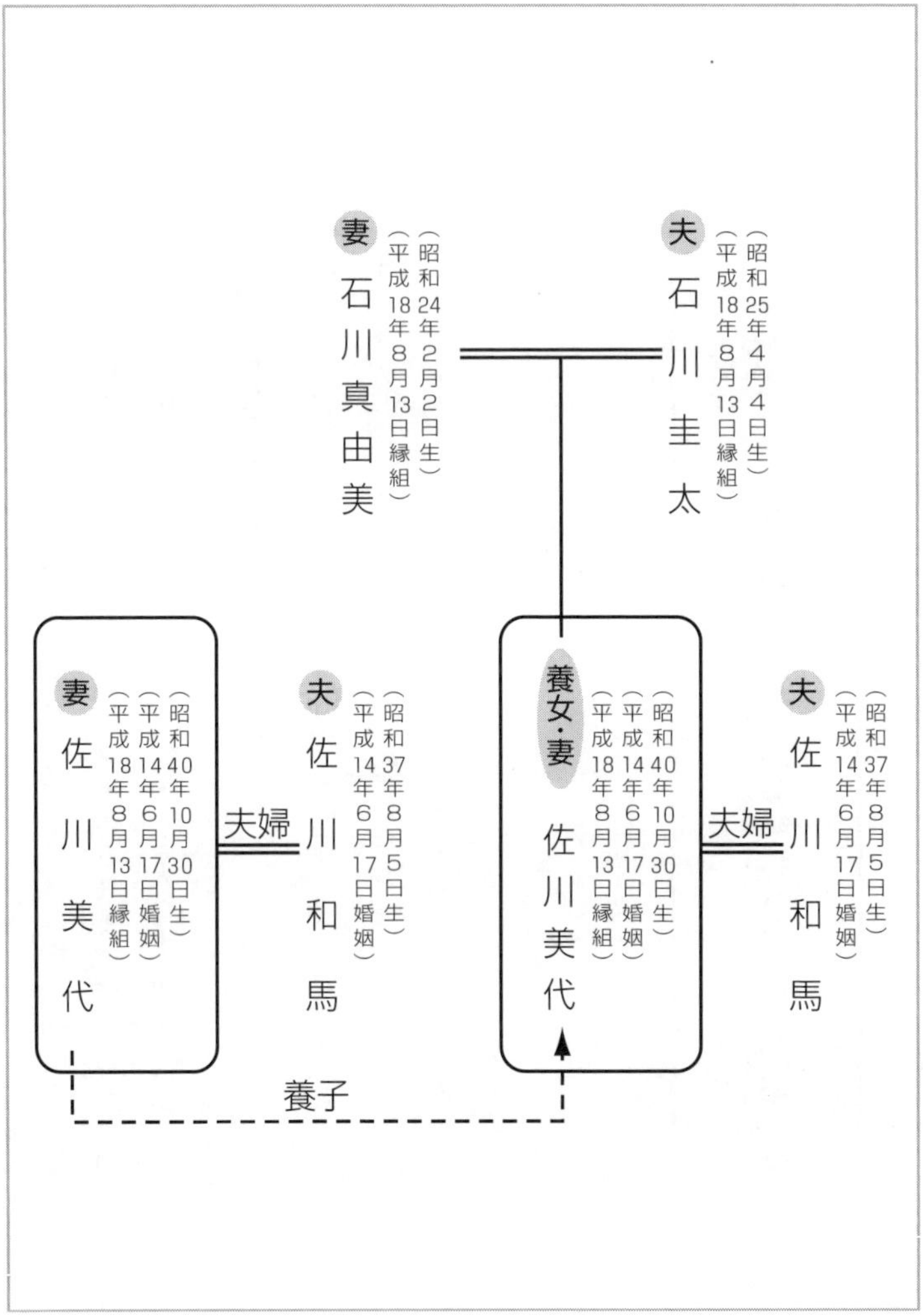
夫
石川圭太
（昭和25年4月4日生）
（平成18年8月13日縁組）
妻
石川真由美
（昭和24年2月2日生）
（平成18年8月13日縁組）
夫
佐川和馬
（昭和37年8月5日生）
（平成14年6月17日婚姻）
夫婦
養女・妻
佐川美代
（昭和40年10月30日生）
（平成14年6月17日婚姻）
（平成18年8月13日縁組）
夫
佐川和馬
（昭和37年8月5日生）
（平成14年6月17日婚姻）
夫婦
妻
佐川美代
（昭和40年10月30日生）
（平成14年6月17日婚姻）
（平成18年8月13日縁組）
養子

養親の戸籍例

本籍	東京都台東区入谷二丁目参拾五番地
氏名	石川圭太

婚姻の届出により昭和四拾七年六月六日編製㊞

（出生事項省略）

（婚姻事項省略）

平成拾八年八月拾参日妻とともに東京都墨田区業平四丁目弐拾四番地佐川美代を養子とする縁組届出㊞ ❶

父	母	続柄	夫	出生
石川学	早紀	長男	圭太	昭和弐拾五年四月四日

（出生事項省略）

（婚姻事項省略）

平成拾八年八月拾参日夫とともに佐川美代を養子とする縁組届出㊞ ❷

父	母	続柄	妻	出生
福井洋平	好美	長女	真由美	昭和弐拾四年弐月弐日

養子の戸籍例

本籍　東京都墨田区業平四丁目弐拾四番地

氏名　佐川和馬

平成拾四年六月拾七日編製㊞

（出生事項省略）
（婚姻事項省略）

父　佐川徹
母　蝶子
長男
夫　和馬
出生　昭和参拾七年八月五日

（出生事項省略）
（婚姻事項省略）
平成拾八年八月拾参日東京都台東区入谷二丁目参拾五番地石川圭太同人妻真由美の養子となる縁組届出㊞ ❸

父　高知健太
母　つくし
長女
養父　❹ 石川圭太
養母　真由美
養女
妻　美代
出生　昭和四拾年拾月参拾日

養親の戸籍は

前の例と同じように、養親の圭太、真由美のそれぞれの「身分事項欄」❶❷に美代を養子とした旨が記されます。

新しい戸籍は作られない！

これは民法の「養子は養親の氏を称する」規定の例外となります。佐川美代＝旧姓高知美代が婚姻に際して佐川姓を称するものとしたときは、その後夫の佐川和馬に氏の変更がなく婚姻が継続する限り佐川姓を称することとされているのです。したがって、佐川和馬の戸籍内の美代の「身分事項欄」❸に養子縁組の記載がされ、また「養父母欄」❹が設けられるだけとなります。

第七章
離婚するとどうなるの？

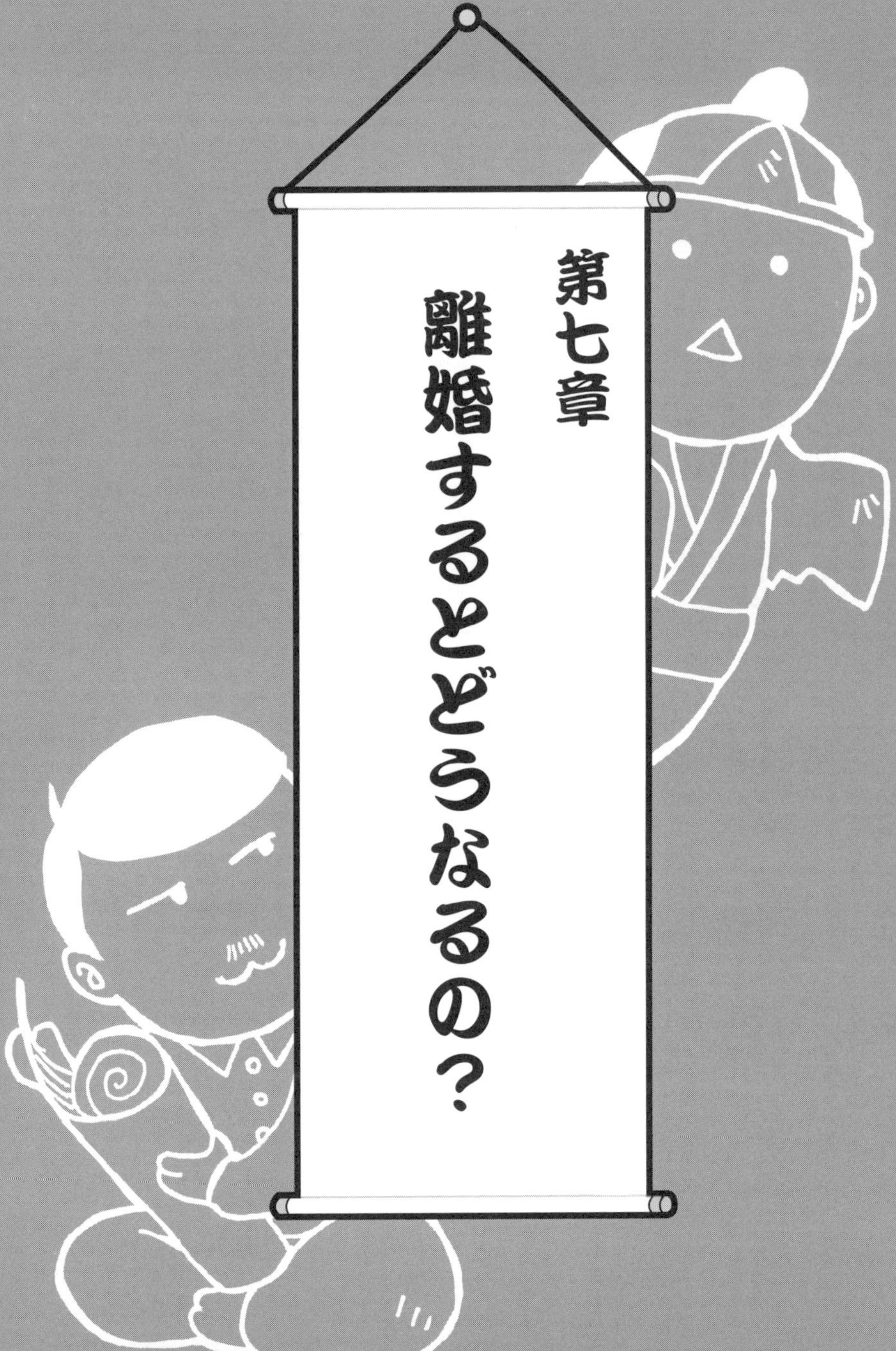

現行法における「離婚」についての戸籍をみていきましょう。

私達は離婚した回数で「バツイチ」「バツニ」などといいますね。なかなか「バッサン」までは聞きませんが。この言葉は離婚すると戸籍にバツがつくことからきているのだということは多くの人が知っているかもしれません。

次のケースでは、会津周平と妻広美が離婚しました。家系図で広美のその後の選択肢を示しますが、少しみただけではわからないかもしれません。説明していきましょう。

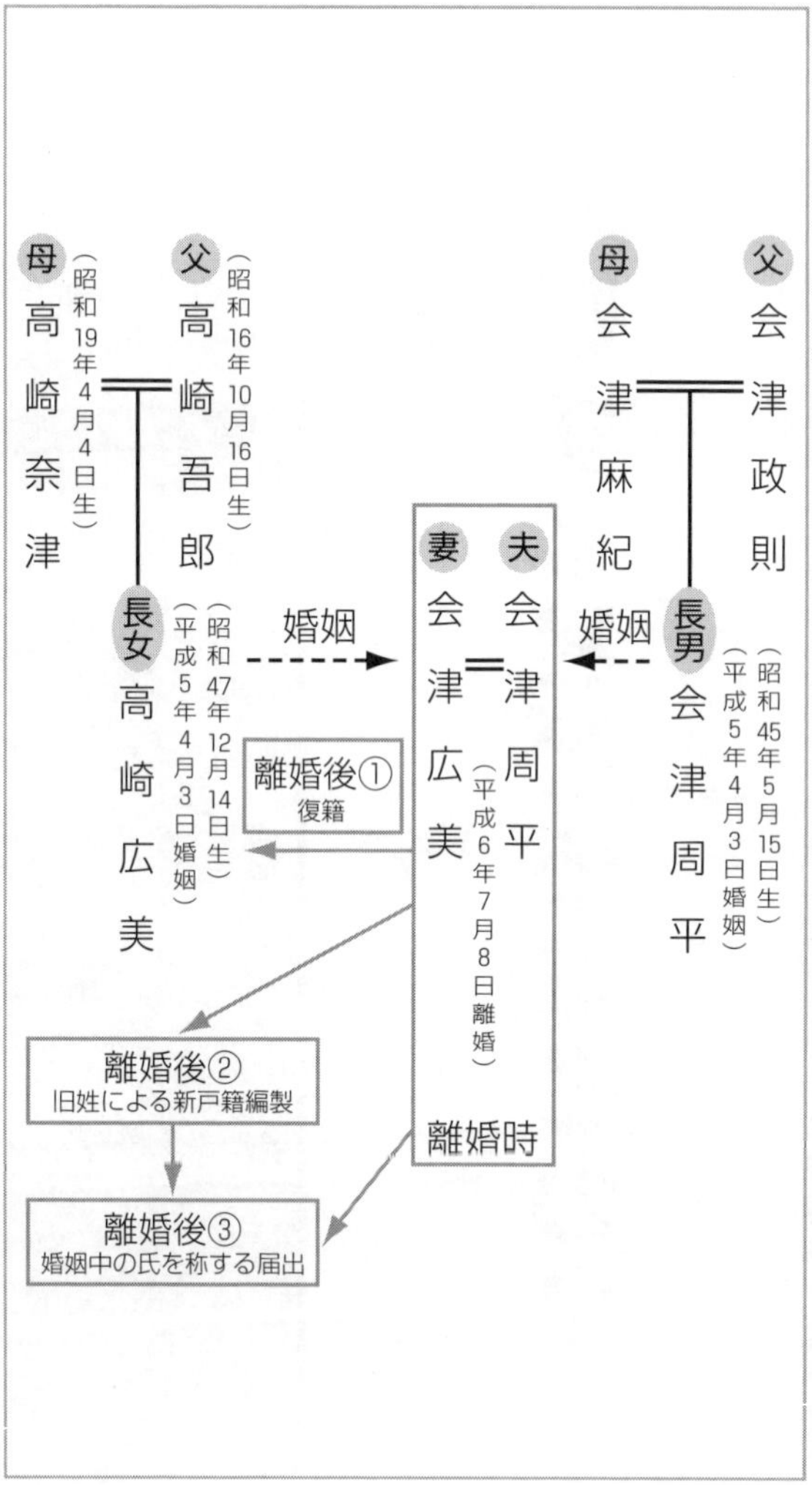

離婚時の戸籍

離婚時の戸籍からみていきましょう。会津広美が離婚して、会津周平の戸籍から除籍された時点の戸籍です。

離婚時の戸籍

本籍　東京都品川区大井二丁目四拾番地

氏名　会津周平

平成五年四月参日編製㊞ ❶

（出生事項省略）

平成五年四月参日高崎広美と婚姻届出東京都品川区大井二丁目四拾番地会津政則戸籍から入籍㊞ ❸

平成六年七月八日妻広美と協議離婚届出㊞ ❺

父　会津政則

母　麻紀

長男

夫　周平

出生　昭和四拾五年五月拾五日

（出生事項省略）
平成五年四月参日会津周平と婚姻届出東京都練馬区石神井町三丁目弐番地高崎吾郎戸籍から入籍㊞❹
平成六年七月八日夫周平と協議離婚届出東京都練馬区石神井町三丁目弐番地高崎吾郎戸籍に入籍につき除籍㊞❷

父　高崎吾郎
母　奈津
長女

妻　広美

出生　昭和四拾七年拾弐月拾四日

この戸籍にはいつからいつまでのことが書いてあるの？

この戸籍には、会津周平については平成5年4月3日❶から戸籍を取得した時まで、広美については平成5年4月3日から離婚した平成6年7月8日まで❷の事柄が記されています。

「戸籍事項欄」をみる

「戸籍事項欄」をみてみると戸籍がいつ作られたのかがわかります。しかし、作られた原因等については書かれていません。それを知るためには、各人の「身分事項欄」をみていきます。

結婚

周平と広美の「身分事項欄」❸❹にはそれぞれ婚姻の記載があり、婚姻によりこの戸籍が作られたことがわかります。

離婚

周平と広美は協議離婚をしたようです。周平の「身分事項欄」❺にその旨が書かれています。

そして広美に関しては、「身分事項欄」❷に広美がもといた戸籍に戻る旨が記され、名前が朱抹されました。離婚すると、筆頭者でない配偶者は戸籍にいられなくなり、新たに戸籍を作るか、もといた戸籍（両親の戸籍）に戻らなければなりません。これに対し、筆頭者である周平はこの戸籍にそのまま在籍します。

離婚後の戸籍〈もといた戸籍に戻る場合〉

離婚後の選択肢の一つ目、もといた両親の戸籍に戻る場合をみてみましょう。（もといた戸籍に戻ることを「復籍」といいます。）

復籍の例

本籍　東京都練馬区石神井町三丁目弐番地

氏名　高崎吾郎

婚姻の届出により昭和四拾六年六月九日編製㊞ ❶

（出生事項省略）
（婚姻事項省略）

父　高崎弥七
母　蘭子
長男
夫　吾郎
出生　昭和拾六年拾月拾六日

（出生事項省略）
（婚姻事項省略）

父　勢多志郎
母　沙織
長女
妻　奈津
出生　昭和拾九年四月四日

身分事項	（出生事項省略） 平成五年四月参日会津周平と婚姻届出❷同月拾参日東京都品川区長から送付同区大井二丁目四拾番地に夫の氏の新戸籍編製につき除籍㊞
父	高崎吾郎
母	奈津
続柄	長女
名	広美
出生	昭和四拾七年拾弐月拾四日

身分事項	（出生事項省略） 平成六年七月八日夫会津周平と協議離婚届出❸同月拾四日東京都品川区長から送付同区大井二丁目四拾番地会津周平戸籍から入籍㊞
父	高崎吾郎
母	奈津
続柄	長女
名	広美
出生	昭和四拾七年拾弐月拾四日

この戸籍にはいつからいつまでのことが書いてあるの？

高橋吾郎、奈津夫婦については昭和46年6月9日❶から戸籍を取得した時までで、広美については昭和47年12月14日（出生）から平成5年4月3日（婚姻）❷までと、平成6年7月8日（離婚）❸からこの戸籍を取得した時までの事柄が書いてあります。

「戸籍事項欄」をみてみる

「戸籍事項欄」をみると吾郎と奈津の婚姻によってこの戸籍が作られたことがわかります。

なお、前出の会津周平の戸籍と違い、この戸籍の「戸籍事項欄」には戸籍が作られた原因まで載っています。これは、昭和45年7月1日から昭和54年12月1日までは、「戸籍事項欄」にも戸籍が作られた原因（編製原因）を書く取扱いになっていたためです。

バツがついているほうの「広美」

この戸籍には広美の欄が二つあります。まず名前が朱抹されているほうの「身分事項欄」をみてみましょう。出生の記載と、婚姻の記載があります。ここから広美は会津周平との婚姻のために除籍されたことがわかります。

バツがついていないほうの「広美」

婚姻によって一度は除籍された広美ですが、前述のとおり会津周平と離婚し同じ戸籍にいられなくなったために、このケースではまたこの戸籍に戻ってきました。そうすると広美の欄がまた新たに書き加えられます。前の広美の欄にはバツがついているため、同一人の二重記載とはなりません。これがいわゆる「バツイチ」ですね。

このことから広美がこの戸籍にいた期間は、産まれた時から婚姻する時までと、離婚して再度入籍した時から戸籍取得時までとなります。したがって、広美の婚姻から離婚までの身分関係を知るためには、会津周平の戸籍を取得しなければなりません。

離婚後の戸籍〈新しく戸籍を作る場合〉

次に離婚後の選択肢の二つ目、離婚後新しい戸籍を作った場合をみてみましょう。

離婚後新しく作った戸籍例

本籍	東京都練馬区桜台二丁目七番地
氏名	高崎広美
	平成六年七月拾四日編製㊞ ❶
	（出生事項省略）❷
	平成六年七月八日夫会津周平と協議離婚届出同月拾四日東京都品川区長から送付
父	高崎吾郎
母	奈津
	長女

同区大井二丁目四拾番地会津周平戸籍から入籍㊞❸	
生出 昭和四拾七年拾弐月拾四日	広　美

「戸籍事項欄」をみてみる

「戸籍事項欄」❶から戸籍が作られた時がわかります。しかし、それだけしか情報が載っていませんので広美の「身分事項欄」をみてみましょう。

「身分事項欄」をみてみる

「身分事項欄」には出生の記載❷と離婚の記載❸しかありません。これは、この戸籍が会津周平との離婚によって作られた戸籍であることを表しています。なお、広美が最初にいた広美の両親の戸籍には何も記載されませんので、その戸籍からは広美が離婚したことはわかりません。

二つの選択肢から自由に選べない場合もある！

離婚後、復籍するか新しい戸籍を作るかどうかは基本的に自由ですが、これを選べない場合があります。たとえば、次に説明する例のように離婚後も婚姻中の氏を使い続ける場合や、両親の戸籍内の人が死亡等の理由により全員いなくなり除籍されてしまった場合などです。前者は、仮に復籍を認めれば氏の異なる子が両親の戸籍に存在することとなり、現行法に反することとなってしまいます。また後者は、戻るべき戸籍がすでに除籍されなくなっている以上、戻りたくても戻れないということです。

離婚後も婚姻中の姓を使用する場合

離婚後3カ月以内に届出をすると、離婚後も婚姻中の姓を使い続けることができます（婚氏続称といいます）。それでは最後にその戸籍の例をみてみましょう。

離婚後婚氏続称届出をして新しく作った戸籍例

本籍	東京都練馬区桜台二丁目七番地
氏名	会津　❷ 高崎（抹消）　広美

平成六年七月拾四日編製㊞

平成六年八月参日戸籍法第七十七条の二の届出により氏変更㊞

（出生事項省略）

平成六年七月八日夫会津周平と協議離婚届出同月拾四日東京都品川区長から送付

同区大井二丁目四拾番地会津周平戸籍から入籍㊞

平成六年八月参日戸籍法第七十七条の二の届出㊞ ❶

父	高崎吾郎
母	奈津
続柄	長女
名	広美
出生	昭和四拾七年拾弐月拾四日

広美は離婚時に旧姓「高崎」で新しい戸籍を作りました（二つめのケース）。そして、離婚後3カ月以内に、婚姻の際に称していた氏を称する旨の届出をしました。すると「身分事項欄」❶にその旨が記載され（「戸籍法第七十七条の二の届出」という記載）、「氏名欄」の姓が朱抹されその右に婚姻中の姓が書かれます❷。

また、この届出は離婚と同時にすることもできます。その場合は二つ目のケースを経ないので、新しい戸籍の「筆頭者氏名欄」に直接婚姻中の姓が書かれます。

第八章
外国人と日本の戸籍

国際化社会ニッポン

近年、日本も国際化の流れが顕著で、日本に入国する外国人の数もひと昔前に比べ大幅に増加しています。昭和53年に１００万人を突破してから急速に増加の一途をたどり、法務省出入国在留管理庁によると、平成30年には過去最高の３０００万人超もの外国人が日本に入国しています。また、日本国籍を取得する外国人も多く、ここ10年（平成21年～平成30年）における各年の帰化許可数は約９千～１万５千人（法務省民事局統計）で安定して推移しています。

このように、わが国日本では、多くの外国人や日本国籍を取得した元外国人が暮らしています。

そもそも外国人の定義は、日本の法律では、その法律の種類によって多少の違いはあるものの、「出入国管理及び難民認定法」でも「国籍法」でも「日本の国籍を有しない者」という意味合いでは共通しています。したがって、戸籍は日本国籍を有する者に対して編製されることから、わが国の外国人には戸籍はないことになります。ただし、国籍法４条に基づき法務大臣の許可を得て帰化した外国人は、市区町村長に帰化届をすることにより戸籍が編製されるため、厳密には元外国人ということになりますね。

さて、このようにたくさんの外国人が入国する日本では、令和元年６月末現在の新しい在留管理制度の対象となる中長期在留者数及び特別永住者数を合わせた在留外国人数（※「出入国管理及び難民認定法」等の改正により平成24年7月より外国人登録制度は廃止され、新たな在留管理制度が導入されました。これに伴い、在留期間の上限が3年から5年になったり、原則として外国人住民が住民基本台帳法の適用対象となったりして、適法に日本で暮らす外国人にとって生活の利便性が高まることとなりました）も２８０万人を超え、外国人と日本人が婚姻をするというケースも日常的になってきています。厚生労働省のデータでは、平成29年の国際結婚数は約２万１千件（ちなみに日本人同士の婚姻件数は約58万5千件）で、同年の婚姻件数の４％以上を国際結婚が占めているのです。

親戚に外国人の方がいらっしゃる読者の方も多いのではないでしょうか。

それでは、外国人男性と婚姻をした日本人の女性をモデルに、日本人が外国人と婚姻をした場合の日本の戸籍制度についてみてまいりましょう。

外国人と婚姻をした日本人の戸籍

それでは、実際に外国人男性のジェームズ＝ワシントンと日本人女性の甲野和子が婚姻した場合を考えてみましょう。外国人のジェームズ＝ワシントンと日本人の甲野和子が日本で婚姻しようとする場合は、原則、日本人同士が婚姻するのと同じように、戸籍に関する届出を受理する窓口（例：日本人の本籍地の市役所の戸籍係等）に婚姻の届出をします。そして、両当事者に婚姻の要件が備わっていること（例：重婚でないこと、法律上婚姻できる年齢に達していること）等を証明し（通常、外国人のジェームズ＝ワシントンの場合は母国の大使館等で発行された「婚姻要件具備証明書」を提出します。ちなみに日本人の甲野和子については、「戸籍全部事項証明書」等が必要ですが、甲野和子の本籍地で婚姻届を提出する場合は、その役所に甲野和子の戸籍があるので、戸籍の証明書等の提出は不要です）、それらが認められると、届出が受理され婚姻の事実等が甲野和子の戸籍に記載されます。これで、めでたく「日本で国際結婚成立！」ということになりますが、ジェームズ＝ワシントンの戸籍が日本で新しく編製されるわけではありません。前節でご紹介したように、帰化をすれば外国人だった方も日本国籍を取得し、日本の戸籍が編製されますが、日本人と婚姻をしただけでは、日本の戸籍は得られないのです。

では、ジェームズ＝ワシントンについては、日本の戸籍にはまったく記載されないのでしょうか。

そんなことはありません。国際結婚をすると、通常、甲野和子の方で、和子を筆頭者とする新しい戸籍が作られます（ただし、和子が婚姻以前から戸籍の筆頭者である場合は、新しく戸籍の編製はされません）。残念ながらジェームズ＝ワシントンは、その和子を筆頭者とする戸籍に入ることはできませんが、戸籍の「身分事項欄」に、和子の配偶者であるワシントンの氏名・生年月日・国籍が載るのです。これにより、甲野和子とジェームズ＝ワシントンが婚姻をしているという事実の証明ができます。

では、甲野和子の戸籍全部事項証明書をみてみましょう。

外国人男性と婚姻をした日本人女性の戸籍の例

（1の1）　　全部事項証明

本　　籍 氏　　名	東京都乙区丙町五丁目１番 ワシントン　和子
戸籍事項 　戸籍編製 　氏の変更	【編製日】平成１８年８月１日 【氏変更日】平成１８年８月１日 【氏変更の事由】戸籍法１０７条２項の届出 【従前の記録】 　【氏】甲野
戸籍に記載されている者	【名】和子 【生年月日】昭和４５年７月７日 【配偶者区分】妻 【父】甲野太郎 【母】甲野月子 【続柄】長女
身分事項 　出　　生	【出生日】昭和４５年７月７日 【出生地】東京都乙区 【届出日】昭和４５年７月１６日 【届出人】父 【送付を受けた日】昭和４５年７月２３日 【受理者】東京都乙区長
婚　　姻	【婚姻日】平成１８年８月１日 【配偶者氏名】ワシントン，ジェームズ 【配偶者の国籍】アメリカ合衆国 【配偶者の生年月日】西暦１９６８年７月４日 【従前戸籍】東京都乙区丙町五丁目１番
氏の変更	【氏変更日】平成１８年８月１日 【氏変更の事由】戸籍法１０７条２項の届出
戸籍に記載されている者	【名】ビル 【生年月日】平成１９年６月２２日 【父】ワシントン，ジェームズ 【母】ワシントン　和子 【続柄】長男
身分事項 　出　　生	【出生日】平成１９年６月２２日 【出生地】東京都乙区 【届出日】平成１９年６月３０日 【届出人】母

まず、本籍が記載されます。このケースでは本籍地を変更しなかったので甲野和子の従前の本籍と変わりません。次に氏名が記載されますが、ここでは和子の氏が「甲野」ではなく「ワシントン」になっています。なぜ甲野和子ではなくワシントン和子になっているのでしょうか。

外国人と婚姻をした甲野和子の「甲野」の氏は当然には変わりません。したがって、婚姻後も「甲野」の氏を名のりたい場合はそのままでよいのです。ただし、もし、「ワシントン」を名のりたい場合は、原則として、家庭裁判所の許可を得なければなりません。戸籍法で、氏を変更する場合、家庭裁判所の許可を要件としているからです（戸籍法107条1項）。

しかし、それでは国際結婚をして外国人の氏を名のることが大変わずらわしくなり、「婚姻をしたのに相手の氏をなかなか名のることができない」という問題が生じます。そこで、外国人と婚姻をした場合、婚姻の日から6カ月以内であれば、外国人配偶者の氏に変更する者（この場合甲野和子）の本籍地の市区町村の戸籍届出窓口等に氏の変更の届出をするだけで、「甲野」から「ワシントン」に氏を変更することができます（戸籍法107条2項）。具体例の「戸籍事項欄」の【氏変更の事由】をみますと、「戸籍法107条2項の届出」と記載されていますので、甲野和子はこの規定にのっとって氏を「ワシントン」に変更したということになりますね。なお、この記載例では、婚姻日と氏変更日が同じ日付になっていますので、婚姻届をした時に氏の変更届も同時に行ったと考えられます。

それでは、今度は、ワシントン和子の「身分事項欄」の「婚姻」をご覧ください。ここに、婚姻日とともに、外国人の配偶者氏名、国籍、生年月日等が記載されています。これにより、ワシントン和子の配偶者は、ジェームズ＝ワシントンという1968年7月4日生まれのアメリカ人であることがわかります。

また、記載例のワシントン（旧姓甲野）和子とジェームズ＝ワシントンとの間には、婚姻後、ビルという男の子が誕生しました。ビルは、お母さんであるワシントン和子が日本国籍ですので、「出生の時に父又は母が日本国民であるときは、その子は日本国民とされる（国籍法2条要約）」という規定により、日本国籍を取得することができます。したがって、出生届がされることにより、ビルは、東京都乙区丙町五丁目1番に本籍をおくワシントン和子が筆頭者である戸籍に記録されます。ビル＝ワシントンといういかにも外国人っぽい名前なのに、日本の戸籍をもっていることになるのですね。

なお、外国人との婚姻による氏の変更届（戸籍法107条2項の届）の例は次のようになります。前記の戸籍全部事項証明書によると、甲野和子が婚姻をし、同時に氏を変更し、その後、ビルが出生し和子の戸籍に入った流れですので、この例は、和子の戸籍にまだ同籍者（ビル）がいないことを前提にしています。

外国人との婚姻による氏の変更届例

外国人との婚姻による氏の変更届
(戸籍法107条2項の届)

平成18年8月1日届出

東京都乙区 長 殿

受理 平成 年 月 日 第 号	発送 平成 年 月 日	
送付 平成 年 月 日 第 号	東京都乙区 長	

書類調査	戸籍記載	記載調査	附票	住民票	通知	

(よみかた) 氏を変更する人の氏名	こうの (変更前)氏 甲野	かずこ 名 和子	昭和45年7月7日生
住所 (住民登録をしているところ)	東京都乙区丙町五丁目 1 ~~番地~~ 番 3 号 世帯主の氏名 甲野和子		
本籍	東京都乙区丙町五丁目 1 ~~番地~~ 番 筆頭者の氏名 甲野和子		
(よみかた) 氏	(変更前) 甲野	(変更後) ワシントン	
配偶者の氏名	氏 ワシントン	名 ジェームズ	
婚姻年月日	平成18年8月1日		
氏を変更した後の本籍	(氏を変更する人の戸籍に他の人がある場合のみ書いてください) 番地 番		
その他	次の人の父母欄の氏を更正してください		
届出人署名押印 (変更前の氏名)	甲野和子 印		

外国人と離婚した日本人の戸籍

次に、先ほど登場したワシントン和子が離婚してしまった場合、戸籍がどうなるのかみてみましょう。

ワシントン和子が離婚しても、基本的に戸籍の異動はありません。なぜなら、配偶者のジェームズ＝ワシントンには戸籍が編製されておらず、もともと戸籍の筆頭者がワシントン和子だからです。

ただ、ここで問題点が生じます。日本人同士の離婚ですと、離婚した場合婚姻前の氏に戻ることになりますが、ワシントン和子は外国人と婚姻していましたので、一定の手続きをしないと甲野の氏には戻れません（なお、和子が婚姻後「ワシントン」の氏を名のる手続きをしていなければ問題はありません）。そこで登場するのが、外国人との離婚等による氏の変更届です。

この届出をすることにより、ワシントン和子は従前の氏である甲野に戻ることができます。ただし、この届出には「離婚等から3カ月以内であること」、「前節に登場した外国人との婚姻による氏の変更届（戸籍法１０７条２項の届）によって外国人配偶者の氏を名のっていること」等の要件があります。

なお、通常この届出で従前の氏に戻す場合、ワシントン和子の戸籍の「氏名欄」を更正する（つまりワシントン和子を甲野和子にする）だけで済むのですが、本書記載例の場合、ワシントン和子の戸籍に子ビルがいますので、戸籍法の規定により、甲野和子を筆頭者とする新戸籍が編製されることになります。

次は、外国人との離婚による氏の変更届(戸籍法１０７条３項の届)の例です。今回のケースでは、婚姻後ビルが出生したことになっておりますので、今度は同籍の長男ビルがいることを前提にしています。

外国人との離婚による氏の変更届例

外国人との離婚による氏の変更届
（戸籍法１０７条３項の届）

平成２０年１０月１５日届出

東京都乙区　長　殿

受理　平成　年　月　日 第　　　号	発送　平成　年　月　日
送付　平成　年　月　日 第　　　号	東京都乙区　　長

書類調査	戸籍記載	記載調査	附票	住民票	通知	

（よみかた） 氏を変更する人の氏名	わしんとん　かずこ （変更前）氏　ワシントン　名　和子　昭和４５年７月７日生
住所 （住民登録をしているところ）	東京都乙区丙町五丁目　１　~~番地~~ 番　３　号 世帯主の氏名　ワシントン和子
本籍	東京都乙区丙町五丁目　１　~~番地~~ 番 筆頭者の氏名　ワシントン和子
（よみかた） 氏	（変更前）ワシントン （変更後）こうの　甲野
婚姻を解消した配偶者	氏名　ワシントン，ジェームズ
婚姻解消の原因	☑離婚　□婚姻の取り消し　□配偶者の死亡
婚姻解消の年月日	平成２０年１０月１１日
氏を変更した後の本籍	（氏を変更する人の戸籍に他の人がある場合のみ書いてください） 東京都乙区丙町五丁目　１　~~番地~~ 番
その他	次の人の父母欄の氏を更正してください 同籍の長男　ビル
届出人署名押印 （変更前の氏名）	ワシントン和子　　印

それでは、最後に外国人と戸籍にまつわるお話を2つご紹介致しましょう。

一つめは、外国人には戸籍がなくても戸籍法に基づく一定の届出はしなければならないということです。たとえば、日本国内に居住する外国人が死亡した場合、その外国人の親族等が、その外国人の住所地や死亡地の市役所等に死亡届をしなければなりませんし、日本国内に居住する外国人が出産した場合も、出生した子の親等が住所地や子の出生地の市役所等に出生届をしなければなりません。なお、これらの届出を受理した市区町村長には、その届出書について一定期間の保存義務がありますので、これらにより外国人も自分自身の身分関係を公証してもらうことは可能です。

二つめは、戸籍における外国人の名前についてです。読者の皆さんは外国人の氏名の表記で「名」→「氏」の順で書かれているものをよく見かけると思いますが、本書で登場した外国人氏名の記載例のジェームズ＝ワシントンの表記は、戸籍上なぜ「ワシントン，ジェームズ」なのでしょうか。実は日本の戸籍では、戸籍の「身分事項欄」および「父母欄」に記載する外国人の氏名は「氏」→「名」の順で記載するというルールがあるのです。外国人の名前は複雑なものが多くわかりづらいので、このように表記が統一されているほうがたしかに見やすいですよね。

外国人が日本戸籍に関連してくるケースでは、ご紹介した国際結婚がポピュラーですが、ほかにも「養子」や「子どもの認知」等のケースがあります。

さて、ここであらためて述べておきますが、外国人には日本の戸籍は作られません。しかし日本の戸籍においては「外国人と婚姻をした日本人の身分事項欄」「帰化者の新戸籍の父母欄」等々さまざまな箇所に外国人の名前が書かれています。また、ご紹介した例のように「氏が外国人配偶者の称している氏である戸籍」もたくさんあります。

きっとこれからは国際化に拍車がかかり、昔話にも出てきそうな古めかしい名前がいっぱい並んでいた昔の戸籍とは似ても似つかないような、カタカナばかりの戸籍が目につくようになってくるのでしょうね。

戸籍を取るときの注意点

本章をお読み頂いた方の中には、早速にでも戸籍の収集をされる方がいらっしゃるとは思いますが、平成20年5月1日より一部改正された戸籍法が施行されていますので、戸籍等の取得については左記の記載事項に注意のうえ、お取り頂くようお願いいたします。

一部改正された戸籍法の抜すい

10条1項 戸籍を取得できる者は以下の者である。

1	戸籍に記載されている者
2	その戸籍から除かれた者
3	1、2の配偶者
4	1、2の直系尊属もしくは直系卑属

10条の2 右以外の者は左記上段の場合に限り取得できる。そしてそれぞれの場合、左記下段の事項を明らかにして取得しなければならない。

	取得できる場合	明らかにする事項
1	自己の権利を行使し、または自己の義務を履行するために戸籍の記載事項を確認する必要がある場合	権利または義務の発生原因および内容ならびに当該権利を行使し、または当該義務を履行するために戸籍の記載事項の確認を必要とする理由
2	国または地方公共団体の機関に提出する必要がある場合	戸籍謄本等を提出すべき国または地方公共団体の機関および当該機関への提出を必要とする理由

3	1、2に掲げる場合のほか、戸籍の記載事項を利用する正当な理由がある場合	戸籍の記載事項の利用の目的および方法ならびにその利用を必要とする事由

※ 10条1項の者以外で戸籍を取得できる場合の具体的な例としては、相続登記を登記所に申請する際に添付する場合、遺産分割の調停を申し立てるために裁判所に提出する場合、等があります。

10条の3　現に請求の任にあたっている者は、市町村長に対し、運転免許証を提示する方法その他の法務省令で定める方法により、当該請求の任にあたっている者を特定するために必要な氏名その他の法務省令で定める事項を明らかにしなければならない。

10条の3　2項　前項の場合において、現に請求の任にあたっている者が、当該請求をする者の代理人であるときその他請求者と異なる者であるときは、当該請求の任にあたっている者は、市町村長に対し、法務省令で定める方法により、請求者の依頼または法令の規定により当該請求の任にあたるものであることを明らかにする書面を提供しなければならない。

10条の4　市町村長は、請求がされた場合において、これらの規定により請求者が明らかにしなければならない事項が明らかにされていないと認めるときは、当該請求者に対し、必要な説明を求めることができる。

著者略歴

伊波　喜一郎　（いなみ　きいちろう）

（第二章～第七章担当）

東京司法書士会会員　簡裁訴訟代理等関係業務認定会員

1973年　東京都生まれ

司法書士試験合格後、司法書士事務所勤務を経て、2004年東京都台東区に伊波司法書士事務所を開設。

＜本書作成にあたりお世話になった方＞

新谷　由紀　氏

山﨑　学　（やまざき　まなぶ）

（第一章担当）

千葉司法書士会会員　簡裁訴訟代理等関係業務認定会員

1971年　新潟県生まれ

司法書士試験合格後、司法書士事務所勤務を経て、2003年千葉県市川市に山﨑司法書士事務所開設。

＜本書作成にあたりお世話になった方＞

山田　三千子　氏

佐野　忠之　（さの　ただゆき）

（第八章担当）

大手法律専門学校専任講師

1970年　東京都生まれ

行政書士として25年に渡り入管業務に携わる。

現在は、法律系国家資格の受験指導を精力的に行う。

わかりやすい
戸籍の見方・読み方・とり方

平成20年4月10日　初版発行
令和2年6月1日　初版18刷

検印省略

日本法令®

〒101-0032
東京都千代田区岩本町1丁目2番19号
https://www.horei.co.jp/

共　著　伊波喜一郎
　　　　山　﨑　学
　　　　佐野忠之
発行者　青木健次
編集者　岩倉春光
印刷所　文唱堂印刷
製本所　国宝社

（営　業）　TEL　03-6858-6967　　Eメール　syuppan@horei.co.jp
（通　販）　TEL　03-6858-6966　　Eメール　book.order@horei.co.jp
（編　集）　FAX　03-6858-6957　　Eメール　tankoubon@horei.co.jp

（バーチャルショップ）https://www.horei.co.jp/iec/
（お詫びと訂正）https://www.horei.co.jp/book/owabi.shtml
（書籍の追加情報）https://www.horei.co.jp/book/osirasebook.shtml

※万一、本書の内容に誤記等が判明した場合には、上記「お詫びと訂正」に最新情報を掲載しております。ホームページに掲載されていない内容につきましては、FAXまたはEメールで編集までお問合せください。

ISBN 978-4-539-72057-8